AF325918

ORDONNANCE

DU ROI,

POUR RÉGLER L'EXERCICE

DE

L'INFANTERIE.

Du 1.er Janvier 1766.

A PARIS,

DE L'IMPRIMERIE ROYALE.

M. DCCLXVI.

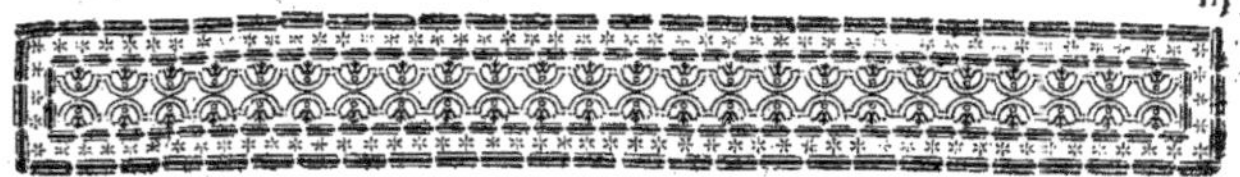

TABLE
DES
TITRES ET ARTICLES
Contenus dans cette Ordonnance.

TABLE

POUR LA

CONNOISSANCE DES DIFFÉRENTES FIGURES

employées dans les Évolutions.

LETTRES AFFECTÉES aux OFFICIERS.	FIGURES pour TOUTES LES COMPAGNIES.
C.^{el}... Colonel.	✳.... Tambour-major.
L.^{el}... Lieutenant-colonel.	F.... Fourrier.
M.... Major.	⊓.... Premier Sergent.
A.... Aide-major.	⊟.... Second Sergent.
S.... Sous-aide-major.	⊔.... Troifième Sergent.
C... Capitaine.	⊔.... Quatrième Sergent.
L.... Lieutenant.	⚡.... Caporal.
E.... Sous-lieutenant.	⚜.... Grenadier.
P.... Porte-drapeau.	✕.... Tambour.
	▦.... Fufilier.

ÉCHELLE.

1. 2. 3.   6.   24 Toifes.

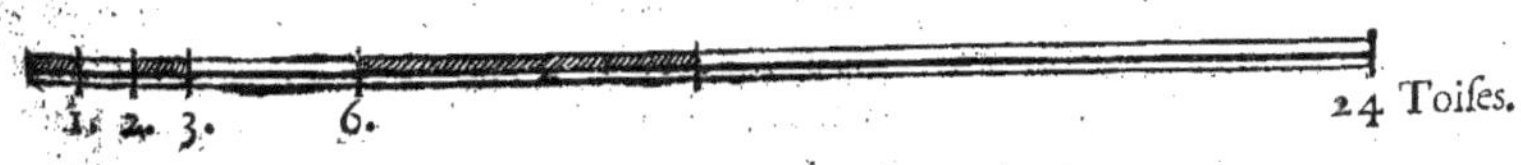

EXPLICATION
DES PLANCHES.

OBSERVATIONS GÉNÉRALES.

LES bataillons qui font repréfentés dans toutes les planches, font divifés en neuf compagnies, dont une de Grenadiers, formant chacune un nombre égal de files, fans y comprendre les files des Officiers & bas Officiers, auxquelles on a été obligé de donner un plus grand front qu'aux autres files, afin que les lettres & marques affectées à chaque grade y foient plus diftinctes; de forte qu'on n'a fuivi les proportions de l'échelle que relativement à l'étendue qu'occupent les files des Soldats de chaque compagnie, à raifon de dix-huit pouces par homme.

Ce qui eft haché défigne le terrain que doit occuper la troupe; ce qui eft ponctué défigne l'emplacement qu'elle occupoit, ou indique le mouvement que la troupe aura fait.

PLANCHE I. Repréfentant deux bataillons fur trois rangs ferrés; les Officiers, Fourriers & Sergens placés dans les rangs, avec l'arrangement des bataillons, demi-rangs, divifions, pelotons & fections.

PLANCHE 2. Repréfentant un régiment d'un bataillon en colonne par pelotons, un premier bataillon en colonne par divifions, & le fecond bataillon en colonne par demi-rangs; les Officiers occupant leurs places dans les rangs.

Figure 1.... A.... Queue du régiment d'un bataillon en colonne par pelotons.

Figure 2.... B.... Queue d'un premier bataillon en colonne par divifions.

Figure 3....C.... Queue d'un fecond bataillon en colonne par demi-rangs.

PLANCHE 3.

d

<table>
<tr><td>U. . . .</td><td>Queue de la colonne d'attaque, d'où partent les deux bataillons pour se remettre en bataille.</td></tr>
<tr><td>X. . . .</td><td>Position des quatre pelotons du premier bataillon qui marchent pour venir se ranger sur le terrain Y, & à la gauche de la compagnie de Grenadiers qui reprend sa place.</td></tr>
<tr><td>Z. . . .</td><td>Position du second bataillon qui est en marche pour se mettre en bataille entre les deux lignes A.</td></tr>
</table>

Planche 3 1.   Représentant l'ordre de rompre la colonne d'attaque de deux bataillons, par des *demi-quarts de conversion*.

<table>
<tr><td>B. . . .</td><td>Queue de la colonne d'attaque dont es divisions ont observé leurs distances pour faire un *demi-quart de conversion*, le premier bataillon par la droite & le second bataillon par la gauche.</td></tr>
<tr><td>C. . . .</td><td>Position des quatre premiers pelotons du premier bataillon, qui ne font pas encore arrivés sur le terrain D, pour se mettre en bataille & à côté de la compagnie de Grenadiers.</td></tr>
<tr><td>E. . . .</td><td>Quatre pelotons & la compagnie de Grenadiers du second bataillon qui font en marche pour se mettre en bataille sur le terrain F.</td></tr>
</table>

Planche 3 2.   Représentant l'ordre de former la colonne de retraite de deux bataillons.

<table>
<tr><td>G. . . .</td><td>Droite du premier bataillon, dont les premiers pelotons ont marché en arrière jusque sur les lignes H, pour venir se joindre derrière & au centre de deux bataillons, avec les pelotons du second bataillon I, qui ont de même marché en arrière jusqu'aux lignes H, pour former ensuite la colonne de retraite K.</td></tr>
</table>

Planche 3 3.   Représentant l'ordre de rompre la colonne de retraite de deux bataillons.

<table>
<tr><td>R. . . .</td><td>Queue de la colonne de retraite de deux bataillons qui se remet en bataille; le premier bataillon pour arriver par le *pas de flanc* entre les deux lignes S, & le second bataillon ayant sa compagnie de Grenadiers à sa tête, marchant par le *pas de flanc opposé*, sur le terrain T.</td></tr>
</table>

Planche 3 4.   Représentant le passage d'une première ligne dans une seconde, lorsqu'il se fait par section.

<table>
<tr><td>Figure 1. . . Z. . . .</td><td>Terrain où étoit la première ligne, avant que les premières sections eussent doublé derrière les secondes.</td></tr>
<tr><td>Figure 2. . . .</td><td>Position de la seconde ligne, dont les secondes sections ont doublé derrière les premières, afin que la première ligne puisse passer dans l'intervalle que laissent les secondes sections de la seconde ligne.</td></tr>
</table>

ORDONNANCE

ORDONNANCE
DU ROI,

Pour régler l'Exercice de l'Infanterie.

Du 1.er Janvier 1766.

DE PAR LE ROI.

S A MAJESTÉ jugeant à propos de faire quelques change-mens à l'Exercice de l'Infanterie, qu'Elle avoit réglé par son Ordon-annce du 20 mars 1764, pour réduire les manœuvres & l'Exercice aux mouvemens les plus simples, Elle a ordonné & ordonne ce qui suit:

A

TITRE PREMIER.
De l'Armement & Équipement.

Armement & équipement uniformes.

Toutes les parties de l'armement & de l'équipement des Officiers, bas Officiers, Soldats & Tambours, seront uniformes, & conformes aux modèles qui seront envoyés à chaque régiment.

Armement des Officiers supérieurs & de l'État-major.

Les Colonel, Lieutenant-colonel, Major, Aides-major & Sous-aides-major auront pour toute arme des épées, qu'ils mettront à la main toutes les fois qu'ils seront sous les armes.

des Officiers.

Tous les Officiers seront armés de fusils uniformes avec leur baïonnette, d'épées & de gibernes.

Tous les Officiers, même les supérieurs & ceux de l'État-major, auront des hausse-cols.

des bas Officiers & Appointés.

Les Fourriers, Sergens, Caporaux & Appointés seront armés de fusils avec leur baïonnette, de sabres & de gibernes.

des Grenadiers.

Les Grenadiers seront armés de fusils avec leur baïonnette, d'un sabre & d'une giberne.

des Fusiliers.

Les Fusiliers auront un fusil, une baïonnette & un porte-cartouche.

des Tambours.

Tous les Tambours seront armés seulement d'un sabre.

Les épées, les sabres & les baïonnettes seront portés par des ceinturons, dont il sera envoyé des modèles.

Tous les Officiers, Grenadiers & Fusiliers porteront, étant sous les armes, le ceinturon sur la veste.

TITRE II.
De l'École de l'Officier.

ARTICLE PREMIER.

De l'Instruction.

LES Officiers supérieurs, & tous les Officiers de chaque régiment, seront tenus de savoir, & d'exécuter avec précision, le maniement des armes particulier à l'Officier, celui du Soldat, la marche & ses différens pas, les évolutions, les différentes manœuvres & l'exécution des feux, pour être en état de conduire & de commander leur troupe dans tous les cas.

Officiers obligés d'être instruits de l'Exercice.

Le Major sera chargé de l'instruction générale de tout le régiment, & en rendra compte aux Colonel & Lieutenant-colonel.

Le Major chargé de l'instruction de tout le régiment.

Le Major exercera journellement les Capitaines, jusqu'à ce qu'ils soient parfaitement instruits.

Les Aides-major & les Sous-aides-major aideront le Major, pour l'instruction de tout le régiment; ils veilleront à l'instruction des Officiers subalternes, & aux exercices de leur bataillon, dont ils rendront compte au Major.

Les Aides-major & Sous-aides-major, d'aider le Major, & de l'instruction des Officiers subalternes.

Chaque Caporal répondra de l'instruction de son escouade au Sergent; chaque Sergent, de l'instruction de sa demi-section ou subdivision au Sous-lieutenant ou Lieutenant; chaque Lieutenant ou Sous-lieutenant, de sa section ou division au Capitaine; chaque Capitaine répondra de l'instruction de sa compagnie au Major.

Les Officiers & bas Officiers de leur compagnie, section ou demi-section.

Dans les compagnies du Colonel & du Lieutenant-colonel, le Lieutenant sera chargé en chef de l'instruction de sa compagnie, & en répondra directement au Major; le Sous-lieutenant remplacera le Lieutenant à la première

Compagnies des Colonel & Lieutenant-colonel.

Titre II.

Négligence des Officiers, répr.mée.

Examen des Officiers par les Officiers supérieurs.

Service preſcrit avant d'être reçu Officier.

diviſion, le premier Porte-drapeau du bataillon remplacera le Sous-lieutenant à la ſeconde diviſion; le Sous-lieutenant & le premier Porte-drapeau rendront compte de leur ſection ou diviſion, au Lieutenant de la compagnie.

L'intention de Sa Majeſté eſt que les Officiers ſupérieurs des corps, tiennent la main à ce que les Capitaines ne négligent aucuns des points preſcrits ci-deſſus; les autoriſant, Sa Majeſté, à les punir lorſque le cas y écherra: comme auſſi Elle autoriſe les Capitaines à punir les Lieutenans & Sous-lieutenans par les arrêts, lorſqu'ils tomberont dans quelque négligence.

Le Commandant du régiment déſignera les jours auxquels il jugera à propos de faire exercer les Capitaines, ſoit un à un, ou enſemble; il commandera lui-même l'exercice, & à ſon défaut le Major.

Les Officiers ſubalternes ſeront examinés & exercés pareillement un à un, ou enſemble, par les Aides-major, toutes les fois que le Commandant du corps le jugera à propos.

Les Capitaines ou Officiers ſubalternes qui manqueront à quelques points de l'Exercice, ſeront remis à l'Exercice journalier, juſqu'à ce qu'ils ne manquent plus.

Aucun ſujet propoſé pour être Officier, à l'exception toutefois de ceux qui auroient précédemment ſervi en ladite qualité, ne pourra être reçu à l'emploi auquel il aura été nommé, qu'après avoir fait le ſervice de Soldat pendant deux mois, celui de Caporal pendant deux autres mois, & enfin celui de Sergent auſſi pendant deux mois, ſous la conduite d'un bas Officier; voulant Sa Majeſté qu'il ſoit tenu de porter les marques diſtinctives de chacun de ces grades.

L'intention de Sa Majeſté eſt que ce nouveau ſujet ſe trouve à tous les Exercices particuliers, qu'il monte chaque ſemaine une garde, & qu'il rempliſſe toutes les fonctions de chacun des grades de Soldat, Caporal & Sergent indiſtinctement, à la réſerve des corvées.

Lorſqu'au

Lorsqu'au bout de ces six mois, le Commandant & autres Officiers supérieurs du régiment, auront jugé ce nouveau sujet suffisamment instruit, ils le feront recevoir à son emploi, & en informeront le Secrétaire d'État ayant le département de la guerre.

ART. 2.

Du maniement du Fusil pour les Officiers.

LORSQUE les Officiers seront sous les armes, ils s'aligneront, faisant face carrément devant eux, la tête & le corps droits, les genoux tendus, les talons joints, & ils resteront immobiles.

Maniement du fusil.

Toutes les fois qu'une troupe portera le fusil, les Officiers le porteront aussi; ils le porteront dans le bras droit au défaut de l'épaule, le canon en arrière & à plomb, la baguette en dehors, le bras tendu, la main droite embrassant le chien & la fougarde, la crosse à plat le long de la cuisse droite, & la main gauche pendante derrière l'épée.

Manière de le porter.

Dans les cas de parade, les Officiers se reposeront sur le fusil.

Pour mettre la baïonnette au bout du canon.

On l'exécutera en six temps, *en observant que les Officiers ne doivent faire le premier temps qu'avec le second temps de la troupe.*

Mettre la baïonnette au bout du fusil.

Au premier temps, en portant le fusil en avant de la main droite, le saisissant de la main gauche au-dessus de la capucine, tenant le fusil perpendiculairement, avançant en même temps le pied droit en équerre, de manière que le talon soit à côté de la boucle gauche.

Au second, la main droite lâchera le fusil & le laissant tomber, la crosse à deux pouces de terre & sur la gauche de la pointe du pied gauche; la main droite saisira le fusil au bout du canon, le canon en dehors, la baguette vers le corps.

Au troisième, on achèvera de poser la crosse à terre

fans la foulever dans la direction où fe trouvera le fufil, le gliffant fimplement le long de la cuiffe & du corps, fans l'en détacher, ni déplacer les mains.

Au quatrième, la main droite quittant le bout du fufil, empoignera la baïonnette entre le fufil & le corps, & on la dégagera du fourreau pour la faifir au-d ffus de la douille, la main gauche éloignant le canon du corps en roidiffant le bras gauche, le haut du bras collé au corps, fans que la croffe quitte fa place.

Au cinquième, on portera la baïonnette dans la même direction que le fufil, au bout du canon, & on l'engagera prête à y être emboîtée, en rapprochant en même temps le fufil du corps.

Au fixième, on emboîtera la baïonnette dans le canon, & on replacera la main droite au bout du canon.

Pour porter enfuite les armes.

ON l'exécutera en trois temps :

Au premier temps, quittant le fufil de la main droite, on l'élevera à plomb de la main gauche, laquelle on portera à hauteur du menton, en tournant la baguette en dehors & le canon entre les deux yeux, & on le faifira de la main droite, en empoignant le chien & la fougarde.

Au fecond, on portera le fufil perpendiculairement des deux mains, entre la tête & l'épaule droite, ramenant, en frappant, le pied droit à côté du gauche.

Au troifième, on achèvera de porter le fufil, & on laiffera tomber la main gauche pendante derrière l'épée.

Pour remettre la baïonnette en fon lieu.

EN fix temps :

Aux trois premiers temps, comme à ceux du commandement, pour mettre la baïonnette au bout du canon : obfervant de ne partir qu'au fecond temps de la troupe.

Au quatrième, on donnera un coup vif, avec le deffus du premier doigt de la main droite, en empoignant la baïonnette au deffus de la douille, pour, en la tournant, la déboîter d'un feul mouvement & la tenir perpendiculairement au-deffus & près du canon.

Au cinquième , on détachera le fuſil du corps avec la main gauche, en roidiſſant le bras & ſerrant le coude, le bout du canon toujours vis-à-vis du menton, ſans que la croſſe change de place ; on renverſera la baïonnette vivement de la main droite, abaiſſant un peu la tête pour porter la pointe vers le fourreau, dans lequel on la mettra tout de ſuite, en relevant la tête. TITRE II.

Au ſixième , on rapprochera vivement le fuſil du corps avec la main gauche, & on reportera, en frappant, la main droite au bout du canon.

Pour porter enſuite le fuſil.

ON l'exécutera en trois temps :

Comme ci-deſſus pour porter les armes , après avoir mis la baïonnette au bout du canon. *Porter le fuſil.*

Pour ſe repoſer ſur le fuſil.

ON l'exécutera en trois temps :

Au premier temps , *pour lequel on ne partira qu'au ſecond temps de la troupe ,* en portant le fuſil en avant avec la main droite, on le ſaiſira de la main gauche en même temps, à hauteur de l'épaule droite. *Se repoſer ſur le fuſil.*

Au ſecond, en lâchant le fuſil de la main droite, en le baiſſant avec la main gauche pour le porter à plomb, le bout du fuſil à hauteur de l'œil, la croſſe vis-à vis & un peu en avant du pied droit, en ſaiſiſſant en même temps avec la main droite le bout du fuſil au bout du canon, afin de le tenir perpendiculaire, la platine tournée vers la droite, la baguette en avant.

Au troiſième, on laiſſera tomber la croſſe à terre, ſans relever le fuſil , le gros bout contre & en avant de la pointe du pied droit, la fougarde en avant, obſervant de lever le pied droit & de le replacer auſſi-tôt, en frappant vivement, en même temps que la croſſe arrivera à terre, & la main gauche tombera pendante.

Pour poſer le fuſil à terre.

ON l'exécutera en quatre temps :

Au premier, en même temps qu'on tournera le fuſil, *Poſer le fuſil à terre.*

le canon vers le corps, on fera un *demi à droite* sur le talon gauche; on placera le pied droit derrière la crosse du fusil, de façon que la pointe du pied ne dépasse pas & soit égale avec le bout de la crosse, & on mettra la main gauche derrière le dos pour saisir la bretelle de la giberne.

Au second, laissant couler la main jusqu'à la moitié du canon, on portera le pied gauche en avant, en frappant de façon que le talon se trouve vis-à-vis de la capucine, courbant le corps brusquement, la main droite devant se trouver vis-à-vis la boucle en posant le fusil à terre, la crosse appuyée au pied droit, le genou droit bien tendu, sans regarder en terre, ni quitter des yeux l'homme d'aîle; observant de coucher le fusil bien droit en avant & aligné dans les files.

Au troisième, on se relèvera, en reportant le pied gauche à la place précédente pour être placé de même, & le bras droit pendant.

Au quatrième, on tournera sur le talon gauche pour faire *face en tête*, le pied droit se replaçant à côté du gauche, sans frapper, & la main gauche quittant la bretelle de la giberne, tombera pendante sur le côté.

Pour reprendre le fusil.

ON l'exécutera en quatre temps:

Au premier temps, on fera un *demi à droite* sur le talon gauche, plaçant le pied droit derrière la crosse, & la main gauche saisira en même temps la bretelle de la giberne derrière le dos.

Au second, on prendra la position du second temps du commandement précédent.

Au troisième, on se relèvera, glissant la main droite jusqu'au bout du canon, pour revenir dans la position du premier temps du commandement précédent.

Au quatrième, on fera *face en tête*, tournant le fusil, la baguette en avant, ramenant le pied droit à côté du gauche, sans frapper, & la main gauche tombera pendante.

Pour porter le fusil.

ON l'exécutera en trois temps:

Au premier temps, on élèvera le fusil de la main droite.

en

en le rapprochant du corps pour le tenir perpendiculairement vis-à-vis du genou droit ; le bout du canon à
hauteur de l'œil, le faififfant, en frappant de la main
gauche ; le bras gauche croifé & ferré au corps, à la
hauteur du ceinturon.

Au fecond, on élèvera le fufil de la main gauche à
hauteur de l'épaule droite, & la main droite empoignera
en même temps la fougarde & le chien.

Au troifième, on achèvera de le porter, en le laiffant
tomber contre l'épaule.

Pour faluer du fufil, de pied ferme, étant alors repofé deffus.

ON l'exécutera en fix temps :

Au premier temps, on fera *à droite,* en élevant le fufil
de la main droite à hauteur du menton, & le faififfant
de la main gauche à hauteur du ceinturon, tenant le fufil
perpendiculairement devant foi.

Au fecond, en quittant le fufil de la main droite, en
le levant avec la gauche à hauteur du menton, & le
faififfant en même temps de la main droite au-deffous
du chien à la poignée du fufil.

Au troifième, on laiffera couler la main gauche jufqu'à
la capucine, & on baiffera vivement avec les deux mains
le bout du fufil contre terre.

Au quatrième, on reviendra dans la pofition prefcrite
au fecond temps de ce commandement.

Au cinquième, on reviendra dans la pofition du premier
temps de ce commandement.

Au fixième, on fera *face en tête,* en fe repofant fur
le fufil.

En faifant ce falut, on obfervera de commencer les
mouvemens affez à temps pour baiffer la baïonnette
vis-à-vis la perfonne qu'on devra faluer, & fi elle vient
par la gauche, on fera au premier temps un *demi à gauche,*
en exécutant les mêmes mouvemens ; mais foit que la
perfonne qu'on devra faluer vienne par la gauche, ou
par la droite, on la fixera toujours.

TITRE II.

Saluer du fufil de pied ferme.

C

Pour saluer du fusil en marchant.

ON l'exécutera en six temps :

Le premier temps se fera lorsqu'on sera à trois pas de la personne que l'on devra saluer, en avançant le pied gauche ; on détachera le fusil de l'épaule avec la main droite & on l'empoignera avec la main gauche à hauteur de l'épaule.

Le second, en avançant le pied droit, on quittera le fusil de la main droite, pour, en la tournant, saisir le fusil à la poignée, la main gauche ne bougeant pas.

Le troisième, en avançant le pied gauche, on laissera couler la main gauche jusqu'à la capucine, & on baissera vivement le bout du fusil contre terre.

Le quatrième, en avançant le pied droit, on ramènera le fusil dans la position du second temps.

Le cinquième, en avançant le pied gauche, on quittera la poignée du fusil de la main droite pour embrasser le chien & la fougarde.

Et le sixième, en avançant le pied droit, on achèvera de porter le fusil.

On marchera carrément devant soi ; soit que la personne à qui on doit le salut soit placée sur la droite ou sur la gauche, on aura attention de la fixer.

ART. 3.

Du maniement de l'Épée.

LES Officiers de l'État-major porteront l'épée à l'épaule droite, la lame appuyée contre l'épaule, la poignée à hauteur de la hanche.

Quand lesdits Officiers devront saluer de l'épée, soit de pied ferme ou en marchant, ils le feront en quatre temps :

Au premier, lorsque la personne qu'on devra saluer sera à quatre pas de distance, on élèvera l'épée perpendiculairement, la pointe en haut, la lame plate devant

foi, tenant la garde vis-à-vis & à un pied de distance de
l'épaule droite, le coude un demi-pied plus bas que le
poignet.

Au second, on baissera doucement la lame de l'épée,
de manière que la main soit à côté & vers le milieu de
la cuisse droite; & tournant alors le poignet un peu en
dehors, on abaissera la pointe de l'épée fort doucement
& on restera dans cette position jusqu'à ce que la personne qu'on devra saluer soit éloignée de deux pas.

Au troisième, on relèvera l'épée la pointe en haut,
la tenant comme au premier temps.

Au quatrième, on portera l'épée à l'épaule, comme
il est prescrit ci-dessus.

ART. 4.

Du maniement du Drapeau.

LORSQUE les Porte-drapeaux seront sous les armes
& qu'ils devront porter le drapeau, ils le porteront en
appuyant le talon sur la hanche droite, le tenant un
peu de biais, la lance en avant, la main droite placée
à un pied & demi au-dessus de l'extrémité du talon,
le coude collé contre le corps, la main gauche pendante
derrière l'épée.

Porter le drapeau.

Pour se reposer sur le Drapeau.

ON l'exécutera en trois temps :

Au premier, en détachant le drapeau de la hanche
droite, on le portera perpendiculaire devant soi, en le
saisissant de la main gauche à un demi-pied au-dessus de
la droite.

Se reposer sur le drapeau.

Au second, on lâchera le drapeau de la main droite
pour l'abaisser de la gauche & le porter toujours à plomb
vis-à-vis le genou droit, & on le saisira avec la main
droite à hauteur du menton, le talon à quatre doigts de
terre, les deux épaules également avancées.

Au troisième, on lâchera le drapeau de la main gauche
pour en poser vivement le talon à terre à côté de la
pointe du pied droit, observant de lever le pied droit
en même-temps que le drapeau arrivera à terre, & de

le placer auffitôt, en frappant, contre terre, & dans cette pofition la main droite empoignera le drapeau à la hauteur de l'épaule, & la main gauche tombera pendante le long de la cuiffe.

Pour porter enfuite le Drapeau.

ON l'exécutera en trois temps :

Au premier, on élèvera le drapeau de la main droite, en le rapprochant du corps à plomb, & la main gauche le faifira à un pied au-deffous de la droite.

Au fecond, on lâchera le drapeau de la main droite, pour le ramener avec la gauche à plomb devant foi entre les deux yeux & l'y faifir avec la main droite à un pied & demi au-deffus du talon, la main gauche à hauteur du menton.

Au troifième, on le placera fur la hanche droite dans la fituation prefcrite pour le porter, & la main gauche tombera pendante.

Pour porter le Drapeau fur l'épaule gauche.

ON l'exécutera en trois temps :

Au premier, on portera brufquement de la main droite le drapeau à-plomb devant foi entre les deux yeux, pour l'y faifir au talon avec la main gauche à hauteur du ceinturon.

Au fecond, on placera avec les deux mains le drapeau fur l'épaule gauche, de manière que le talon foit à hauteur des croffes des fufils de la troupe, que la lance ne s'éloigne ou ne s'approche pas trop de la tête, le coude gauche ferré contre le corps, fans être gêné, le talon du drapeau dans la main gauche, la lance en arrière.

Au troifième, on laiffera tomber la main droite pendante fur la cuiffe.

Pour porter le Drapeau après l'avoir porté fur l'épaule gauche.

ON l'exécutera en trois temps :

Au premier, on portera la main droite à un pied & demi au-deffus du talon du drapeau, fans le mouvoir.

Au fecond, en ramenant avec la main droite le drapeau à-plomb devant foi, on le faifira de la main gauche à hauteur du menton.

Au

Au troisième, on placera le drapeau sur la hanche droite, & la main gauche tombera pendante.

Pour saluer du Drapeau en le portant, soit de pied-ferme, soit en marchant.

On le fera en six temps :

Au premier, on fera un *à droite* sur le talon gauche, en portant le drapeau perpendiculairement devant soi & l'empoignant de la main gauche à un demi-pied au-dessous de la droite.

Au second, on le saisira au talon avec la main droite.

Au troisième, on baissera la lance contre terre, en laissant glisser la main gauche à environ deux pieds de la droite, qui sera à hauteur de l'épaule; les bras seront tendus.

Au quatrième, on replacera le drapeau perpendiculairement devant soi, en rapprochant la main gauche à un pied de la droite.

Au cinquième, la main droite empoignera le drapeau à un demi-pied au-dessous de la gauche.

Au sixième, on fera *face en tête* en appuyant le talon contre la hanche, & la main gauche tombera pendante.

Lorsqu'on fera ce salut en marchant, on observera de ne commencer le premier temps que lorsqu'on sera à trois pas de la personne qu'on devra saluer, en exécutant le premier temps au premier pas que fera le pied gauche, le deuxième temps au deuxième pas qui sera le premier du pied droit, & ainsi de suite.

Dans aucun cas, les Officiers ne salueront personne du chapeau, qu'ils ne devront ôter que pour le Saint-Sacrement.

Dans les haltes un peu longues, les Officiers se reposeront sur leurs armes, les poseront à terre, les reprendront & les reporteront en même-temps que la troupe : on plantera les drapeaux en terre, & on y posera une Sentinelle pour les garder.

Lorsque les Soldats porteront l'arme au bras, les Porte-drapeaux porteront leurs drapeaux sur l'épaule gauche.

D

Les Officiers feront tenus de mettre la baïonnette au bout du canon, & de la remettre dans fon lieu en même temps que leur troupe.

Lorfque les Soldats fe repoferont fur leurs armes en deux temps, les Officiers exécuteront auffi ce mouvement en deux temps:

Au premier, en portant vivement le fufil avec la main droite perpendiculairement en avant, le faififfant de la main gauche, & en même temps la main droite l'empoignera au défaut de la monture, le laiffant couler de façon que le bout du canon fe trouve à hauteur de l'œil droit.

Au fecond, on pofera la croffe à terre, la main gauche pendante, & l'Officier pourra alors ne plus conferver l'immobilité.

Pour porter le fufil lorfqu'on fera repofé fur les armes.

On l'exécutera en deux temps:

Au premier, en levant vivement le fufil avec la main droite, qui le quittera en même temps pour empoigner le chien & la fougarde, pendant que la main gauche le faifira à la capucine, afin de venir dans la pofition du fecond temps du maniement du fufil de l'Officier pour porter les armes lorfqu'on eft repofé deffus.

Au fecond, on achèvera de le porter.

Pour porter l'arme au bras.

On l'exécutera en trois temps:

Au premier, on portera avec la main droite, le fufil en avant, entre les deux yeux & à plomb, le canon en dedans, le faififfant de la main gauche à la capucine, & l'élevant à hauteur du menton; & en même temps la main droite empoignera le fufil à quatre pouces audeffous de la platine.

Au fecond, on retournera le fufil avec la main droite, le canon en dehors, pour l'appuyer à l'épaule gauche, & on paffera l'avant-bras gauche horizontalement fur la

poitrine, entre la main droite & le chien, pour l'appuyer
sur l'avant-bras gauche.

Au troisième, la main droite tombera péndante sur le côté.

Pour porter les armes.

ON l'exécutera en trois temps :

Au premier, on portera la main droite, en frappant,
à la poignée du fusil.

Au second, on détachera avec la main droite le fusil
pour le porter vivement & perpendiculairement contre
l'épaule droite, & le saisissant avec la main gauche à
hauteur de l'épaule gauche ; la main droite se retournera
en même temps pour empoigner la fougarde & le
chien.

Au troisième, on achèvera de le porter.

TITRE III.

De l'École des Fourriers & des Sergens.

ARTICLE PREMIER.

De l'Instruction.

LES Fourriers & les Sergens seront tenus de savoir
exécuter avec la plus grande précision le maniement
des armes qui leur est particulier, celui du Soldat, &
tout ce qui concerne la marche, les manœuvres, les
évolutions & l'exécution des feux.

Sergens tenus de savoir exécuter toutes les parties de l'Exercice.

Veut Sa Majesté que si quelqu'un des bas Officiers se
négligeoit dans les instructions, ou qu'il n'eût pas les
qualités nécessaires, il soit cassé & remis au nombre des
simples Soldats de la compagnie dont il sera.

A cet effet, ils seront exercés & examinés un à un
toutes les fois que le Commandant l'exigera, par le Capitaine & les Officiers subalternes de leur compagnie, ou
par l'Aide-major & le Sous-aide-major de leur bataillon,

Examinés & exercés par les Officiers de l'État-major & ceux de leur compagnie.

qui en rendront compte au Major, & après avoir été
examinés un à un, on les exercera ensemble.

Ceux desdits Fourriers & Sergens, qui lors de cet
examen se trouveront avoir oublié quelqu'un des principes
des Exercices, seront remis à l'exercice journalier jusqu'à
ce qu'ils n'y manquent plus.

ART. 2.

Du maniement du fusil pour les Fourriers & Sergens, & de la manière de porter les armes.

Manière dont ils doivent porter le fusil, mettre la baïonnette au bout du canon, la remettre en son lieu, &c.

LES Fourriers & les Sergens porteront le fusil, mettront
la baïonnette au bout du canon, la remettront en son lieu,
poseront le fusil à terre, le reprendront, & porteront
l'arme sur le bras droit, comme il a été prescrit ci-dessus
pour les Officiers.

Fourriers & Sergens ne doivent point ôter leur chapeau.

Toutes les fois que les Fourriers & les Sergens des
compagnies de Grenadiers ou de Fusiliers, seront sous
les armes, ils ne salueront, ainsi que les Officiers,
personne du chapeau, ils ne se découvriront que pour
le Saint-Sacrement.

Se reposeront sur les armes, les poseront à terre, les reprendront & les porteront en même temps que la troupe.

Dans les haltes un peu longues, les Fourriers & les
Sergens se reposeront sur leurs armes, les poseront à
terre, les reprendront, & les reporteront ensuite en même
temps que les Soldats.

Fourriers & Sergens mettront la baïonnette au bout du canon avec la troupe.

Les Fourriers & Sergens mettront la baïonnette au
bout du canon, & la remettront en son lieu, en même
temps que la troupe.

TITRE IV.

TITRE IV.

De l'École des Caporaux.

ARTICLE PREMIER.

De l'Instruction.

LES Caporaux feront tenus, non-feulement de favoir exécuter avec la plus grande précifion, le petit maniement des armes qui leur eft particulier, celui du Soldat qui leur eft commun, & tout ce qui concerne la marche, les manœuvres, les évolutions & l'exécution des feux; mais auffi d'être en état d'en inftruire les Soldats, de les dreffer, de les exercer, de les difcipliner, & de s'en faire obéir.

Tenus de favoir exécuter & montrer tous les Exercices.

Veut Sa Majefté que le Capitaine, les Aides-major, les Sous-aides-major, les Officiers fubalternes & les Sergens de chaque compagnie, excercent & examinent toutes les fois qu'on le jugera à propos, les Caporaux un à un, pour les tenir toujours en état de veiller à l'inftruction des Soldats.

Examen des Caporaux.

Si un Caporal avoit oublié deux fois de fuite quelque partie des principes des Exercices, il fera remis à l'Exercice journalier, jufqu'à ce qu'il ne manque plus, & la troifième fois il fera caffé & remis au nombre des Soldats.

ART. 2.

Du maniement du fufil pour les Caporaux.

LES Caporaux porteront en toute occafion le fufil, comme le Soldat; mais s'ils doivent repréfenter des Sergens, ou marcher à la tête d'une divifion ou d'une pofe de Sentinelles, ils porteront le fufil fur le bras droit, comme les Officiers & les Sergens, & ils exécuteront ce changement en trois temps:

Doivent porter les armes comme le Soldat, excepté quand ils repréfentent des Sergens.

E

Au premier temps, on portera la main droite fous la platine fans mouvoir le fufil, le pouce alongé fur la contre-platine, & le premier doigt appuyé contre le chien.

Au fecond, le portant perpendiculairement avec la main droite, entre la tête & l'épaule droite, & le faifant tourner de façon que la baguette foit en dehors, la main droite empoignant alors le chien & la fougarde, & la main gauche le faififfant à hauteur de l'épaule.

Au troifième, on achèvera de le porter.

Pour porter enfuite le fufil comme le Soldat doit le porter.

ON l'exécutera en trois temps:

Au premier temps, en détachant le fufil de l'épaule droite, on l'amènera perpendiculairement entre les deux yeux, la main gauche le faififfant à hauteur de la cravate, & la main droite quittant le chien & la fougarde, pour le prendre à la poignée du fufil.

Au fecond, on relèvera le fufil de la main droite, le pouce alongé fur la contre-platine, pour porter le canon en dehors & à plomb vis-à-vis l'épaule gauche: on placera en même temps la main gauche, en frappant, à la croffe, les trois derniers doigts fous la croffe; le premier fur la vis, le pouce au-deffus, le bec de la croffe appuyé légèrement fur l'os de la hanche au défaut de la cuiffe, le coude en arrière, fans affectation, ni trop ferré ni trop détaché.

Au troifième, on placera le fufil contre l'épaule gauche, en le pouffant de la main droite pour achever de le porter.

TITRE V.

De l'École des Soldats & des Tambours.

ARTICLE PREMIER.

De l'École du Soldat.

L'INSTRUCTION particulière du Soldat doit embraffer le foin à prendre de toutes les parties de l'habillement, de l'armement & de l'équipement; la manière de connoître, d'entretenir & de bien se servir de ses armes; la connoissance de la véritable position du corps pour bien se tenir & bien marcher; la manière de manœuvrer, d'exécuter les différens feux, & l'ordre à observer dans les marches.

On aura attention de ne montrer aux Soldats que successivement toutes les parties qu'ils doivent savoir, & on tiendra exactement la main à ce qu'ils ne se négligent sur aucun point; l'intention de Sa Majesté étant qu'aucun Soldat ne puisse monter la garde qu'après qu'il saura suffisamment toutes les parties du service.

Ne doivent être instruits que successivement.

Chaque Capitaine choisira dans sa compagnie, le Fourrier, Sergent ou Caporal le plus au fait, pour excercer les Soldats de recrues un à un, ensuite deux ou trois ensemble, tant sur le maniement des armes, qu'aux différens pas de la marche, sur la nécessité de régler leurs mouvemens sur les hommes de la droite, & sur l'exécution des mouvemens nécessaires à chacun des trois rangs pour mettre en joue, tirer & recharger; l'intention de Sa Majesté étant que lorsque ce choix aura été une fois fait, il ne puisse être changé sans des raisons essentielles, afin que tous les hommes de recrues étant exercés par le même homme, puissent dans tous les cas avoir les mêmes principes.

Recrues toujours exercées par le même bas Officier.

Lorsqu'il y aura huit ou dix hommes en état d'être exercés ensemble, le Lieutenant ou le Sous-lieutenant rassembleront chacun ceux des deux sections, & présideront aux exercices, manœuvres, différentes évolutions & exécutions des feux.

Exercice des différentes classes.

Lorsqu'il y en aura dix-huit ou vingt, le Capitaine en sera chargé lui-même.

Il sera formé de ces différens Soldats plusieurs classes; tous les Caporaux & les Soldats les plus instruits formeront la première, & seront toujours exercés ensemble; les autres Soldats formeront les autres classes, auxquelles ils ne monteront que fur le témoignage du Fourrier, du Sergent ou du Caporal, qui fera chargé de les exercer.

Ceux de la première claffe qui montreront quelque négligence ou mauvaife volonté, feront remis à la dernière claffe, & ne pourront remonter à la première qu'après un nouvel examen.

Auffi-tôt que les Soldats feront exercés aux différens pas de la marche & au maniement des armes, on les perfectionnera dans la charge du fufil; à cet effet on les fera charger à vide avec une cartouche de bois de même modèle que les cartouches ordinaires, & on les fera tirer un à un, enfuite par une ou plufieurs files & par demi-fection; & alors on armera les fufils de pierre de bois pour ne pas gâter la batterie.

Les Lieutenans ou Sous-lieutenans, & enfuite les Capitaines commanderont les mêmes manœuvres, à mefure qu'il fe formera un nombre de Soldats fuffifamment inftruits, ainfi qu'il a été prefcrit pour l'Exercice, & ils les feront paffer à mefure dans les différentes claffes qui feront formées pour ce genre de manœuvre.

Les Soldats qui fe feront abfentés par congé, feront à leur retour, exercés féparément par leur Caporal, & ne pourront rentrer dans la première claffe que fur le témoignage dudit Caporal.

Lorfque le Major jugera les Soldats de la première claffe de chaque compagnie, en état d'être exercés enfemble, il chargera l'Aide-major de chaque bataillon de réunir les Officiers, les bas Officiers & les Soldats de ladite première claffe de deux compagnies, & fucceffivement de plufieurs compagnies, pour les exercer enfemble à toutes les parties des Exercices autant de fois qu'il fera jugé néceffaire par le Commandant ou par les Officiers fupérieurs du corps.

On exercera enfemble la première claffe de chaque bataillon deux fois par femaine, pendant les mois de Juin, Juillet, Août & Septembre; & une fois la femaine pendant les mois de Mai & d'Octobre; & le reste de l'année on s'appliquera à l'exercice en détail.

Titre V.

Tous les bataillons du même régiment, seront exercés ensemble une fois la semaine depuis le 1.er Juin jusqu'au dernier Septembre, & tous les quinze jours pendant les mois de Mai & d'Octobre; bien entendu que ces Exercices généraux tiendront lieu de ceux qui ont été prescrits ci-dessus deux fois par semaine.

Exercice des régimens ou bataillons entiers.

Ces exercices ne dureront pas plus de trois heures; dans les grandes chaleurs, les Troupes y seront conduites de bon matin, & ramenées au plus tard à neuf heures, ou elles y seront conduites le soir après l'extinction des grandes chaleurs.

Les Soldats auxquels il aura été permis de travailler en ville, ne pourront être dispensés de se trouver aux Exercices généraux d'un régiment ou d'un bataillon entier, s'ils n'en ont obtenu la permission du Capitaine, visée par le Commandant du corps, qui ne pourront cependant l'accorder qu'aux Soldats de la première classe.

Travailleurs obligés de se trouver aux Exercices.

Quand un régiment ou un bataillon entier devra prendre les armes, on pourra faire relever les gardes de ce régiment ou bataillon, s'il y a plusieurs régimens ou bataillons dans la garnison.

Gardes relevées pour les Exercices.

On profitera des premiers beaux jours du printemps, & même de ceux du mois de Mars, s'il est possible, pour commencer les Exercices dans le plus grand détail. Chaque Caporal exerçant séparément son escouade, chaque Sergent sa demi-section, chaque Lieutenant ou Sous-lieutenant sa section, chaque Capitaine la première classe de sa compagnie; plusieurs compagnies ne devant être exercées ensemble que lorsque le Major le trouvera convenable.

Temps des Exercices.

Entend au surplus Sa Majesté, que les Troupes qui seront en garnison dans les citadelles, forts & châteaux,

Troupes ne sortiront des citadelles,

ne puiffent en fortir pour les Exercices qu'en exécution d'une permiffion particulière de Sa Majefté.

ART. 2.

De l'École des Tambours.

*Tambour-major
chargé de leur
inftruction.*

LE Tambour-major fera chargé de l'inftruction des Tambours, & en fera refponfable à l'Aide-major de chaque bataillon; le plus ancien Tambour de chaque bataillon répondra de ceux de fon bataillon, fi les bataillons font féparés.

Cette Inftruction doit embraffer la tenue, la marche & la manière dont les Tambours doivent battre toutes les batteries avec précifion.

On fuivra la marche & les batteries réglées en 1754, & les Commandans des provinces & des places tiendront la main à ce qu'on ne s'en écarte en aucun point.

On exercera les Tambours, d'abord un à un, enfuite deux enfemble, & fucceffivement un plus grand nombre.

*Temps
des Exercices
des Tambours.*

Lorfqu'ils feront parvenus au degré de perfection néceffaire, ils feront exercés deux fois par femaine pendant l'hiver, & pendant l'été ils ne le feront que les jours qu'on exercera leur bataillon entier.

ART. 3.

De l'ordre à obferver dans les marches.

ON exercera les régimens à obferver l'ordre qu'ils doivent tenir dans les marches; pour cet effet, chaque régiment ou chaque bataillon fortira une fois tous les quinze jours du lieu où il fera en garnifon, pour aller faire une lieue dans les environs, & ils y rentreront enfuite, à la réferve cependant des régimens ou bataillons qui feront en garnifon dans les citadelles, forts ou châteaux, qui n'en pourront fortir, ainfi qu'il a été dit ci-deffus, qu'en exécution d'une permiffion particulière de Sa Majefté.

TITRE VI.

Des Batteries des Tambours, & des Signaux relatifs aux évolutions.

POUR suppléer au défaut de la voix, lorsqu'elle ne pourra se faire entendre sur l'étendue du front des bataillons, on se servira des batteries des Tambours pour annoncer chaque mouvement.

Pour rassembler une troupe, ou pour lui faire serrer les rangs lorsqu'elle sera rassemblée, on fera *appeler*.

Pour marcher en avant, on battra *aux champs*.

Tout mouvement qui n'aura pas été indiqué, sera annoncé par un roulement s'il doit se faire *à droite*, ou par deux s'il doit se faire *à gauche*.

Si le bataillon doit se rompre par divisions, après un ou deux roulemens on donnera deux coups de baguettes, quatre si c'est par demi-bataillon, trois si c'est par peloton, & cinq si c'est par section, après quoi les Tambours battront *aux champs :* le bataillon étant rompu, se reformera dès que l'on battra *aux drapeaux*, & marchera devant lui en bataille.

Il marchera le pas redoublé si l'on bat *la charge*.

Les bataillons entiers feront un quart de conversion quand, après un ou deux roulemens suivis d'un coup de baguette, les Tambours battront *aux champs :* s'il y avoit plus d'un bataillon & qu'on voulût leur faire faire ensemble le *quart de conversion*, on ne donnera pas de coup de baguette après les roulemens.

On fera la colonne d'attaque, quand après deux coups de baguette suivis d'un roulement, les Tambours battront l'*assemblée*; & celle de *retraite*, quand les deux coups de baguette feront fuivis de deux roulemens.

Si l'on bat la *retraite*, le bataillon fera *demi-tour à droite* & marchera devant lui.

On fera battre la *berloque* pour envoyer le bataillon à la paille.

Lorfque le Commandant voudra faire manœuvrer la troupe par les batteries ci-deffus défignées, il fera, avec fon arme, le fignal aux Tambours pour faire les rou-lemens & donner les coups de baguettes néceffaires pour indiquer la manœuvre que la troupe devra faire.

On ne fera ufage de ces batteries de Tambours pour manœuvrer que le moins poffible, & on y fuppléera par les moyens fuivans. Quand celui qui commandera aura fait un commandement, chaque Aide-major, ou à fon défaut chaque Sous-aide-major le répétera à fon bataillon le plus promptement poffible, pour que le mouvement fe faffe avec célérité, foit en bataille ou en colonne; & dans ce dernier cas, les divifions exécuteront toujours les mouvemens de celles qui la précèderont.

TITRE VII.

TITRE VII.

De l'assemblée des compagnies pour les Exercices d'un bataillon ou d'un régiment, & de l'inspection qui doit en être faite.

ARTICLE PREMIER.

Des batteries que les Tambours auront à battre quand un régiment devra prendre les armes.

LORSQUE toute l'Infanterie d'une place ou d'un quartier devra prendre les armes pour s'exercer, tous les Tambours battront *la générale ;* mais s'il n'y a qu'un régiment ou un bataillon qui doive prendre les armes, les Tambours de ce régiment ou bataillon *rappelleront* devant leur quartier.

Différence de ces batteries.

ART. 2.

De l'Assemblée de chaque compagnie, & de l'inspection particulière qui doit en être faite.

UNE demi-heure avant le *rappel,* chaque Caporal rassemblera les Soldats de son escouade, pour examiner s'il ne manque rien aux différentes parties de l'habillement, de l'armement & de l'équipement, si elles sont bien en tout point, & faire remédier sur le champ à ce qui pourroit se trouver de défectueux ; il conduira ensuite son escouade au rendez-vous de sa compagnie.

Inspection des Caporaux.

Les Sergens devront se trouver d'avance à ce rendez-vous pour y réunir les deux escouades de leur demi-section, les mettre en haie, en faire l'appel & l'examen.

Inspection des Sergens.

Les Lieutenans & Sous-lieutenans seront également

Inspection des Officiers.

Titre VII.

obligés de se trouver à l'heure du rappel au rendez-vous de leur compagnie, pour y rassembler leur section, la mettre en haie, en faire faire l'appel devant eux, & examiner s'il ne manque rien de tout point aux Sergens, Caporaux & Soldats. Le Fourrier se trouvera en même temps à ces rendez-vous, ainsi que les Tambours de la compagnie, dont il fera l'examen.

Inspection des Capitaines.

Enfin, les Capitaines seront tenus de se rendre lorsqu'on *rappellera*, au rendez-vous de leur compagnie; & lorsque ces compagnies auront été mises en haie, portant le fusil, chaque Officier & chaque Sergent à la tête de sa division, les Capitaines feront les commandemens nécessaires pour l'inspection.

Ces dispositions étant faites, les Capitaines passeront devant & derrière le rang, pour examiner avec la plus grande attention si les armes sont déchargées, si elles sont claires, & si les différentes parties de l'armement, de l'équipement & de l'habillement des Officiers & des hommes de leur compagnie sont en état de tout point.

Toutes les fois que l'on fera la visite du linge, on fera aussi celle des sabres.

Distribution des cartouches à poudre.

Pendant que les Capitaines feront cette inspection, les Fourriers distribueront les cartouches à poudre si l'on doit faire l'exercice à feu: on laissera alors les bois des cartouches dans les chambres pour ménager les cartouches à balles & en être plus sûr, & on mettra les cartouches à poudre pour l'exercice, dans la giberne à la place du bois.

Après que les Capitaines auront fini leur inspection, ils feront les commandemens nécessaires pour faire *remettre la baguette en son lieu, porter le fusil & porter l'arme au bras.*

Toutes les fois qu'une troupe prendra les armes, elle gardera la baïonnette au bout du canon après l'inspection jusqu'au moment où on la renverra à son quartier.

ART. 3.

De la marche de chaque compagnie au lieu de l'assemblée de son bataillon.

LES Capitaines ayant fait porter l'*arme au bras* à leur compagnie, ils la feront former sur trois rangs, comme il est prescrit au Titre XII, *des manœuvres par rangs & par files.*

Si au lieu de *marcher en avant*, après avoir formé leur compagnie, ils devoient au contraire la faire marcher vers la droite ou vers la gauche, ils lui feront faire un *quart de conversion* par la droite, par la gauche ou sur le centre, après ils la conduiront au rendez-vous de son bataillon dans l'ordre suivant, si les lieux par où elle devra passer lui permettent de marcher toute entière de front.

Le Capitaine à deux pas en avant du centre de sa compagnie, ayant derrière lui le Sous-lieutenant dans le centre du premier rang, & le Lieutenant en serre-file à quatre pas en arrière du centre du dernier rang de la première section, le premier Sergent à la droite du troisième rang, le deuxième Sergent dans le centre du troisième rang, le troisième Sergent à la droite du premier rang, le quatrième Sergent à la droite du deuxième rang de la deuxième section, entre le Sous-lieutenant & le deuxième Sergent ; & le Fourrier en serre-file au centre de la deuxième section sur le même alignement du Lieutenant, les Tambours ayant la caisse sur le dos à la tête de tout à quatre pas en avant du Capitaine, les rangs ouverts à deux pas de distance.

Si au contraire leur compagnie ne peut pas marcher de front, les Capitaines la feront rompre par section, & elle marchera comme il suit :

Les Tambours à la tête.

Le Capitaine.

La première section avec le troisième Sergent à la droite.

Formation sur trois rangs après l'inspection.

Ordre dans lequel devront marcher les compagnies.

du premier rang, & le premier Sergent à la droite du troifième rang.

Le Sous-lieutenant.

La deuxième fection avec le quatrième Sergent à la droite du premier rang, le deuxième Sergent à la droite du troifième rang, le Fourrier & le Lieutenant en ferre-file.

Marche par le flanc dans les camps, avant de faire le quart de converfion.

On obfervera dans les camps, de faire faire *à droite* ou *à gauche* à chaque compagnie, pour marcher par le flanc jufque hors des faifceaux; & dès que la première file de chaque compagnie les aura dépaffés, elle fera un *quart de converfion à droite* ou *à gauche* pour prendre le terrain qu'elle devra occuper, & fera fuivie fucceffivement par toutes les autres files; & quand la dernière file aura fait fon *quart de converfion*, on fera faire *halte à droite* ou *à gauche* pour fe trouver en bataille; & dans le cas où le front du camp ne fuffira pas pour mettre le régiment en bataille, la compagnie de Grenadiers fe placera derrière le premier peloton de fon bataillon, à moins que l'on ne dût marcher enfuite en avant, auquel cas elle fe placeroit en avant de ce premier peloton.

A R T. 4.

De l'arrivée des compagnies au lieu de l'affemblée de leur bataillon.

Compagnies doivent arriver en ordre fur le terrain de l'affemblée de ces bataillons.

L O R S Q U E les compagnies approcheront du lieu de l'affemblée de leur bataillon, les Capitaines leur feront porter les armes, pour les conduire & les former dans le plus grand ordre fur le terrain qu'elles devront y occuper, chaque Officier, Fourrier & Sergent prenant alors fa place de parade dans le bataillon; les Capitaines feront enfuite ouvrir les rangs & repofer leur compagnie fur les armes, fans qu'aucun Officier, bas Officier ni Soldat puiffe s'écarter de fon pofte.

Officiers-majors.

Les Officiers-majors qui auront dû fe rendre d'avance

à

à ce lieu d'assemblée, parcourront le front & la queue de chaque bataillon pour en faire compléter les files & en égalifer, autant qu'il fera possible, les sections & les pelotons, en faisant passer les Soldats excédans d'un peloton dans l'autre.

Quant aux Commandans & aux autres Officiers supérieurs des corps, ils se rendront au lieu de l'assemblée le plus tôt possible; & dès que toutes les compagnies y feront arrivées, ils en feront une inspection générale s'ils le jugent à propos.

Le Colonel, le Lieutenant-colonel, le Major, ou tout autre Officier qui se trouvera commander un régiment sous les armes, un bataillon ou quelque troupe que ce soit, lui fera lui-même les commandemens toutes les fois que ce corps s'exercera.

A R T. 5.

Du détachement qui devra aller chercher les Drapeaux.

Lorsqu'après l'arrivée de toutes les compagnies au lieu de l'assemblée de leur bataillon, on enverra chercher les drapeaux, le Commandant ordonnera aux Porte-drapeaux, aux Sergens de leur garde, à tous les Tambours, à l'exception de deux par bataillon, qui resteront à chaque bataillon, & à un Officier-major, de se rassembler en avant de la compagnie de Grenadiers, qui devra aller chercher les drapeaux, & de s'y former, savoir, les Sergens sur un seul rang, à quatre pas en avant du premier rang des Grenadiers; les Porte-drapeaux de même sur un rang, à deux pas en avant des Sergens; les Tambours avec la caisse sur le dos, & le Tambour-major à leur tête, sur un ou deux rangs par bataillon, à deux pas en avant des Porte-drapeaux, & enfin l'Officier-major à deux pas en avant du Tambour-major.

Le Capitaine de Grenadiers s'étant mis ensuite à la tête de sa compagnie, à deux pas en avant du premier

TITRE VII.

qui doit
les aller chercher.

rang, & lui ayant fait *porter les armes*, puis *porter
l'arme au bras*, commandera *marche*, auquel commandement tout le détachement se mettra en mouvement
pour se rendre dans cet ordre, & sans bruit de caisse,
au lieu où seront les drapeaux ; dès qu'il y sera arrivé,
l'Officier-major, les Porte-drapeaux & les Sergens de
leur garde y entreront pour les prendre, & les Tambours
en se plaçant sur la droite ou sur la gauche de l'entrée,
démasqueront la compagnie de Grenadiers que le Capitaine rangera en bataille devant la porte, & fera les
commandemens pour *porter les armes* & ouvrir les rangs
à la distance nécessaire pour y recevoir les drapeaux.

*Honneurs que
ce détachement
doit rendre
aux drapeaux,
la marche pour
revenir au lieu
de l'assemblée
de la troupe.*

Lorsqu'ensuite les Porte-drapeaux sortiront avec les drapeaux, ils s'aligneront en dehors de la porte & s'arrêteront
un moment vis-à-vis la compagnie de Grenadiers, à laquelle le Capitaine fera présenter les armes, & les Tambours battront *au drapeau* ; après quoi les Porte-drapeaux
avec les Sergens de leur garde à côté d'eux, iront se placer
entre le premier & le second rang des Grenadiers sur
autant de rangs que le régiment aura de bataillons, &
dans le même ordre que ces bataillons seront formés ;
l'Officier-major & les Tambours iront se placer en même
temps à la tête des Grenadiers, le Capitaine ayant fait
ensuite *porter les armes* à sa compagnie, il commandera
marche : à ce commandement tout ce détachement se
mettra en mouvement pour marcher dans cet ordre, &
les Tambours battront *le drapeau* jusqu'au lieu où sera
assemblé le régiment ou le bataillon ; en observant que
lorsqu'on prendra les armes de grand matin, on ne battra
au drapeau qu'au moment où ils paroîtront, & lorsqu'ils
arriveront sur le terrain de l'assemblée du régiment.

*Compagnies de
Grenadiers doivent
rouler entr'elles
par détachement,
& à leur défaut
le premier peloton.*

Si le régiment est de plusieurs bataillons, les compagnies de Grenadiers iront alternativement chercher
les drapeaux, & à leur défaut, le premier peloton de
chaque bataillon.

*Manière
de prendre*

Dans les camps, les Porte-drapeaux en passant du front

31

de bandière aux faisceaux avec les Sergens de leur garde, prendront les drapeaux pour les porter à l'endroit indiqué, au moment que les compagnies se formeront en bataille.

A R T. 6.

De l'arrivée des Drapeaux à la tête du régiment.

A l'approche des drapeaux, le Commandant du régiment ou du bataillon, fera les commandemens pour *porter les armes* & *les présenter ;* les Officiers resteront reposés sur leurs armes ; les Fourriers & les Sergens porteront les armes sur le bras droit, lorsque les drapeaux ne seront plus qu'à cinq ou six pas de la droite ou de la gauche de la troupe, selon le côté par où ils viendront ; les Soldats présenteront les armes pour rendre honneur aux drapeaux ; les Porte-drapeaux, avec les Sergens de leur garde, fileront ensuite devant le front du régiment ou du bataillon pour aller occuper leur place de parade, & les Officiers de chaque bataillon salueront avec leurs armes & ensemble les drapeaux, au moment où ils dépasseront de vingt pas le flanc gauche ou le flanc droit du bataillon, suivant le côté par où ils viendront pour occuper leur place dans le bataillon ; les Fourriers & les Sergens resteront les armes sur le bras droit.

La compagnie de Grenadiers & les Tambours qui auront escorté les drapeaux, iront au pas redoublé prendre leur poste dans leur bataillon en passant derrière la troupe, & dès qu'ils y seront arrivés le Commandant fera cesser de battre le *drapeau,* & ordonnera de *porter les armes.*

T I T R E V I I I.

De la Formation.

CHAQUE régiment, en se formant en bataille, conservera sans y rien changer, sa division par bataillon, par compagnie de Grenadiers & de Fusiliers, & par section.

TITRE VIII.

*Formation
sur trois rangs.*

Il sera formé sur trois rangs en quelque occasion que ce soit, à moins d'un ordre contraire ; mais pour l'exercer quelquefois sur une plus grande profondeur, on lui fera doubler les files, afin de le mettre à six de hauteur, excepté les Grenadiers qui resteront dans tous les cas sur trois rangs.

*Intervalle
d'un bataillon
à l'autre.*

Les bataillons d'un même régiment, ne conserveront d'autre intervalle entr'eux que celui qui sera nécessaire pour placer leur canon, & toutes les fois qu'ils n'en auront pas ils ne conserveront entr'eux que trois pas d'intervalle.

*Distance
des rangs.*

La distance d'un rang à l'autre sera de quatre pas, c'est-à-dire huit pieds à rangs ouverts, de deux pas à rangs demi-ouverts, d'un pied à rangs serrés, & de même d'un pied pendant l'exécution des feux ; quant aux Soldats du même rang, il suffira que leurs bras se touchent, mais sans se gêner.

*Arrangement
des bataillons.*

Voyez
PLANCHE Ire.

Si le régiment est de deux bataillons, le premier sera placé à la droite, & le second à la gauche ; s'il y en a trois ou quatre, ils seront placés successivement un, deux, trois & quatre.

S'il n'y a qu'un bataillon, il aura ses Grenadiers à sa droite.

S'il y en a deux, la seconde compagnie de Grenadiers sera à la gauche de son bataillon pour fermer le régiment.

S'il est de trois bataillons, la compagnie de Grenadiers du premier bataillon se placera à la droite de son bataillon, & les seconde & troisième compagnies de Grenadiers se placeront à la gauche de leurs bataillons.

S'il est de quatre bataillons, la première compagnie de Grenadiers sera à la droite de son bataillon, la seconde à la gauche du second bataillon ; la troisième à la droite du troisième, & la quatrième à la gauche du quatrième bataillon.

*Compagnies
de Fusiliers,
appelées pelotons.*

La compagnie de Fusiliers du premier Factionnaire, s'appellera le premier peloton ; celle du second Factionnaire, le troisième peloton ; celle du troisième Factionnaire, le cinquième peloton; celle du quatrième Factionnaire, le septième peloton; celle du cinquième Factionnaire, le second peloton; celle du Colonel dans le premier bataillon, ou du Lieutenant-colonel dans le second bataillon, le quatrième peloton; celle du fixième Factionnaire, le fixième peloton; celle du feptième Factionnaire, le huitième peloton.

Dans les régimens d'un feul bataillon, la compagnie du Lieutenant-colonel fe nommera le fixième peloton; & celle du fixième Factionnaire, le huitième peloton.

Au moyen de cette difpofition, le premier demi-bataillon ou le premier demi-rang, fera compofé des première & feconde divifions, formées par les quatre pelotons de la droite; le fecond demi-bataillon fera compofé des troifième & quatrième divifions, formées par les quatre pelotons de la gauche; la première divifion comprendra les premier & fecond pelotons; la feconde divifion fera formée des troifième & quatrième pelotons; la troifième divifion comprendra les cinquième & fixième pelotons; & la quatrième divifion fera compofée des feptième & huitième pelotons.

Chaque compagnie de Grenadiers fera divifée en deux fections de deux efcouades chacune; chaque peloton fera divifé pareillement en deux fections de quatre efcouades chacune, plaçant les plus grands hommes dans les premier & troifième rangs, & les autres dans le fecond.

Le Capitaine de la compagnie de Grenadiers qui fera à la droite de fon bataillon, fe placera à la droite du premier rang, ayant derrière lui au troifième rang le premier Sergent; le Sous-lieutenant fera placé dans le centre du premier rang à la droite de la feconde fection, ayant derrière lui au troifième rang le fecond Sergent; le Lieutenant fe placera en ferre-file, à quatre pas en arrière du centre du dernier rang de la première fection; & le Fourrier, à quatre pas en arrière du centre du dernier rang de la feconde fection.

Le Capitaine de la compagnie de Grenadiers qui fera

I

Titre VIII.

à la gauche de son bataillon, se placera à la gauche de sa compagnie, ayant derrière lui le premier Sergent au troisième rang & les autres Officiers & bas Officiers, comme il est prescrit pour les compagnies de Grenadiers qui tiennent la droite de leur bataillon.

Place des Officiers & Sergens des compagnies de Fusiliers.

Dans les sept premiers pelotons de chaque bataillon, le Capitaine se placera à la droite du premier rang; le Sous-lieutenant au centre à la droite de la seconde section; le Lieutenant en serre-file derrière le centre de la première section; le premier Sergent à la droite du troisième rang derrière le Capitaine; le second Sergent dans le centre du troisième rang derrière le Sous-lieutenant; le troisième Sergent à la droite du second rang, entre le Capitaine & le premier Sergent; le quatrième Sergent à la droite du second rang de la seconde section, entre le Sous-lieutenant & le second Sergent; & le Fourrier en serre-file au centre de la seconde section, à quatre pas en arrière, excepté dans les bataillons Colonels & Lieutenans-colonels où les Lieutenans de ces compagnies se mettront à la place des Capitaines; & au huitième peloton, qui est celui de la gauche des bataillons, le Capitaine se mettra à la gauche du premier rang, le premier Sergent à la gauche du troisième rang, & le troisième Sergent remplacera le Capitaine à la droite du premier rang.

Place des drapeaux.

Le premier Porte-drapeau se placera dans le second rang, entre la première & la seconde file de la droite de la première section du troisième peloton, ayant devant lui le premier Sergent de sa garde au premier rang, & derrière lui au troisième rang le second Sergent de sa garde; le second Porte-drapeau se placera au second rang, entre la première & la seconde file de la gauche de la seconde section du sixième peloton, ayant de même devant & derrière lui les deux Sergens de sa garde.

Les premiers Sergens du deuxième & du quatrième peloton serviront de garde au premier drapeau, ceux des cinquième & sixième pelotons serviront de garde au deuxième drapeau; & ces quatre premiers Sergens seront remplacés dans les rangs par quatre Caporaux des mêmes compagnies.

Mais dans les régimens d'un bataillon, ce seront les Sergens des cinquième & septième pelotons qui serviront de garde au second drapeau.

Officiers manquans, par qui remplis.

Les places des Officiers qui manqueront, seront remplies, savoir; celle du Capitaine, par le Lieutenant; celle du Lieutenant, par le Sous-lieutenant; & celle du Sous-lieutenant, par le plus ancien Sergent, en observant toutefois qu'il y ait toujours le même nombre de serre-files.

Les Porte-drapeaux seront également remplacés par les plus anciens Fourriers de leur demi-bataillon, & les premiers Sergens remplaceront les Fourriers en serre-file.

Tous les Sergens qui manqueront, seront remplacés par des Caporaux, pour qu'il n'y ait aucun vide dans les files des Officiers.

Place des Officiers supérieurs & de l'État-major.

Dans un régiment d'un bataillon, le Colonel se placera à la tête du premier demi-bataillon; le Lieutenant-colonel à la tête du second, chacun devant la file du drapeau, à deux pas en avant du premier rang.

Si le régiment est de deux bataillons, le Colonel se placera au centre du premier bataillon, & le Lieutenant-colonel au centre du second.

S'il est de trois bataillons, le Colonel se placera au centre du premier bataillon, & le Lieutenant-colonel au centre du troisième.

S'il est de quatre bataillons, le Colonel se mettra au centre du premier, & le Lieutenant-colonel au centre du quatrième bataillon.

Dans les bataillons où il n'y aura ni Colonel ni Lieutenant-colonel, le plus ancien Capitaine de ces bataillons, se mettra en avant du centre.

De quelque nombre de bataillons que soit composé un régiment, le Major se placera toujours derrière le centre, à six pas en arrière des serre-files, & pourra se porter où le service l'exigera ; l'Aide-major se placera à la droite du bataillon, & le Sous-aide-major à la gauche sur l'alignement du Major, pour se porter pareillement par-tout où besoin sera.

Place des Tambours.

Les Tambours de chaque bataillon se réuniront derrière le centre dudit bataillon, pour s'y placer sur un ou deux rangs, à deux pas en arrière des serre-files.

Tous les Officiers supérieurs de l'État-major, seront en temps de guerre en cuirasse & à cheval, pour se porter par-tout où besoin sera, & occuperont derrière leur bataillon les mêmes postes qu'au front du bataillon, lorsqu'ils seront à pied.

TITRE IX.
De la Marche.

ARTICLE PREMIER.
Des principes de la Marche.

Observations générales.

La Marche étant une des parties les plus essentielles de tous les Exercices, chaque régiment ne négligera rien pour s'y perfectionner, & savoir sur-tout bien marcher de front avec plusieurs bataillons en ligne & par le flanc.

Trois sortes de marches.

On distinguera trois sortes de marches ; celle que le Soldat fait devant ou derrière lui en ligne droite, celle qui se fait en ligne oblique, & la marche de conversion qui se fait en ligne circulaire.

Quatre sortes de pas en avant.

La marche devant soi en ligne droite, se fera par quatre sortes de pas ; le petit pas, le pas ordinaire, le pas redoublé & le pas de route.

Durée de ces pas.

La longueur du petit pas sera d'un pied ; celle du pas ordinaire, du pas redoublé & du pas de route, de deux pieds, le tout mesuré d'un talon à l'autre ; quant à la durée, celle du petit pas & du pas ordinaire sera d'une seconde, pendant laquelle on fera deux pas redoublés : la durée d'un pas de route sera d'un peu moins d'une seconde.

Le

Le pas oblique se fera dans le même espace d'une seconde; il sera au plus de dix-huit pouces d'un talon à l'autre, & on le réglera sur le plus ou le moins d'obliquité de la ligne qu'on aura à parcourir, pour arriver sur le lieu vers lequel la marche sera dirigée.

On redoublera le pas oblique comme le pas ordinaire, en faisant deux pas obliques dans l'espace d'une seconde.

Le pas que chaque Soldat doit faire en marchant en ligne circulaire pour faire un *quart de conversion*, doit être plus raccourci ou plus alongé, selon que celui qui le fait se trouve plus près ou plus éloigné de l'homme qui soutient, lequel ne doit que pivoter sur le talon.

On exécutera le pas ordinaire en avant, en tenant la tête haute & le corps droit, en se soutenant en équilibre successivement sur une seule jambe & portant l'autre en avant, le jarret tendu, la pointe du pied un peu tournée en dehors, & basse pour raser sans affectation le terrain sur lequel on devra marcher, & poser le pied à terre, de manière que chaque partie y appuie en même temps sans frapper contre terre.

Le pas redoublé s'exécutera de même, en le commençant ayant le jarret tendu, mais on n'assujettira pas le Soldat à le continuer ainsi; on observera seulement de l'accoutumer à ne pas avoir dans la continuité de ce pas les genoux autant pliés que dans le pas de flanc.

Le pas de flanc sera de dix-huit pouces, & s'exécutera toujours au pas redoublé, excepté que le jarret ne sera pas tendu, mais on aura la plus grande attention à ce que les files ne s'ouvrent point en marchant.

Le pas en arrière ne sera que d'un pied, on l'exécutera dans l'espace d'une seconde, en portant successivement un pied en arrière; observant de ne lever le pied qui sera en avant, que lorsque celui qu'on aura porté en arrière, sera assis; & on marquera le premier pas seulement, en présentant le pied gauche en avant.

K

TITRE IX.

Pas oblique.

Pas de conversion.

Manière
de former
le pas en avant.

Forme
du pas redoublé.

Forme
du pas de flanc.

Forme
du pas en arrière.

<table>
<tr><td>Forme
du pas oblique.</td><td>Quant au pas oblique, on l'exécutera le jarret tendu, en croifant fucceffivement un pied l'un devant l'autre plus ou moins obliquement.</td></tr>
<tr><td>Forme
du pas de route.</td><td>A l'égard du pas de route, on fe conformera à la manière de marcher du Soldat la plus commode, eu égard au poids dont il fera chargé; on l'accoutumera feulement à alonger ce pas jufqu'à deux pieds, ce qu'il acquerra aifément par l'habitude.</td></tr>
<tr><td>Règle à obferver
en marchant.</td><td>On s'attachera particulièrement à enfeigner aux Officiers & aux Soldats, à porter en marchant leurs armes, de forte qu'elles ne chancèlent pas; à marcher toujours bien alignés dans leurs rangs; à couvrir parfaitement leurs chefs de file; à marcher carrément devant eux, fans fe jeter ni à droite ni à gauche & fans raccourcir leurs pas; à partir du pied gauche pour toutes fortes de pas, en levant le pied tous enfemble & le pofant tous enfemble à terre; à reprendre le même pas que leurs rangs, fans s'arrêter s'ils font trop avancés, mais en faifant deux pas de fuite du même pied; & au contraire s'ils font trop en arrière, à alonger leurs pas plus qu'à l'ordinaire fans le redoubler; à garder leurs diftances fans ouvrir ni ferrer, ni leurs files ni leurs rangs; à s'arrêter au commandement, halte, en plaçant fur le champ & appuyant fortement contre terre le pied qui fera derrière fur le même alignement que celui de devant.</td></tr>
<tr><td>Point de bruit
de caiffe
pour apprendre
à marcher.</td><td>On ne fe fervira jamais du fon de la caiffe pour commencer à leur apprendre à marcher, on n'en fera ufage qu'après qu'ils feront parfaitement inftruits, & on ne leur en fera aucune habitude.</td></tr>
<tr><td>Pofition de la tête
en marchant.</td><td>Toutes les fois qu'ils marcheront devant eux, ou en reculant fur un front de plus d'une compagnie, ils auront la tête tournée à droite ou à gauche, pour s'aligner fur le centre en marchant.</td></tr>
</table>

S'ils marchent obliquement, ils tourneront la tête du côté vers lequel ils devront diriger leur marche.

Dans les *quarts de converfion*, ils la tourneront du côté

de l'aile qui marchera; & dès que le *quart de converſion* ſera fait, ils la tourneront bruſquement à droite ou à gauche.

Toutes les fois que pendant les manœuvres, on commandera, *à droite, à gauche, demi-tour à droite* ou *front*, on l'exécutera très-vivement, & en un temps; à la fin de chaque commandement ſans hommes d'aile.

A R T. 2.

De la marche en bataille.

A moins d'un ordre contraire, tout régiment qui devra marcher en bataille, portera ſes armes & marchera le pas ordinaire avec les rangs ſerrés, c'eſt-à-dire, à un pied de diſtance; ſes Tambours battront *aux champs*, il marchera enſuite au pas redoublé ſi on lui en fait le commandement, & les Tambours battront *la charge;* mais il ne fera *haut les armes* qu'au commandement qui lui en ſera fait à quinze pas de l'ennemi, pour le charger à l'arme blanche, & alors les derniers rangs ſe ſerreront entièrement ſur le premier; ils fraiferont de même le bataillon toutes les fois qu'on leur en fera le commandement.

Règle à obſerver en marchant en bataille.

On exercera chaque régiment, & même pluſieurs régimens enſemble s'il eſt poſſible, à marcher habituellement le pas redoublé, étant à trois & à ſix de hauteur, même juſqu'à quatre ou cinq cents pas de ſuite, dans toutes ſortes de terrains, ſans jamais augmenter ni diminuer leurs intervalles ni leurs diſtances. On les exercera auſſi à marcher en reculant, mais jamais plus de quinze à vingt pas de ſuite.

Marches en ligne au pas redoublé.

Lorſqu'on marchera ainſi en bataille, en avant ou en arrière, toutes les têtes du demi-bataillon de la droite ſe tourneront à gauche, & toutes celles du demi-bataillon de la gauche ſe tourneront à droite, pour prendre le point de vue ſur le centre, & marcher toujours carrément devant ſoi; ayant ſoin d'avoir toujours les yeux ſur le Colonel, le Lieutenant-colonel ou le plus ancien Capitaine qui marchera à la tête, pour laiſſer toujours

L'Officier de la droite doit laiſſer deux pas de diſtance du premier rang à l'Officier ſupérieur.

deux pas de diftance de cet Officier fupérieur au premier rang qui le fuit ; il obfervera lui - même de marcher bien carrément devant lui.

Lorfqu'un ou plufieurs régimens marcheront enfemble, en ligne, les Officiers fupérieurs de ceux de la droite auront la tête tournée à gauche, & ceux de la gauche la tourneront à droite, afin de s'aligner entr'eux fur le centre.

Pour faciliter l'alignement dans les bataillons, les Capitaines qui formeront les ailes de leur bataillon s'avanceront au commandement *marche*, deux pas en avant du premier rang, ils auront grande attention de marcher bien droit devant eux, & de s'aligner avec celui qui marchera au centre ; ces trois Officiers ferviront d'alignement à tout le bataillon.

Officiers-majors chargés de veiller à ce que les régimens marchent bien alignés. Les Officiers-majors veilleront à ce que chaque régiment & chaque bataillon conferve en marchant en bataille, fes files & fes rangs bien dreffés, & qu'ils foient bien alignés avec les rangs des autres régimens & des autres bataillons ; à cet effet, ils parcourront continuellement leur bataillon de la droite à la gauche pour le dreffer & donner par-tout les inftructions néceffaires.

Pour que tout le monde foit bien aligné dans un bataillon qui marchera en bataille, il faut que le demi-rang de la droite, qui a la tête à gauche ne voie que le flanc de l'Officier qui marche deux pas en avant de la gauche, & de même que le demi-rang de la gauche ne voie que le flanc de l'Officier qui marche deux pas en avant de la droite.

Quand on marchera en retraite & qu'on voudra faire promptement *face en tête*, on commandera :

1. *Bataillon (ou Régiment)*.
2. *Front*.

Le premier commandement ne fervira que d'avertiffement.

Au fecond commandement, qui ne fe fera qu'au moment ou l'on fera prêt à pofer le pied gauche à terre ; tout le bataillon fera vivement un *demi-tour à droite*, s'arrêtera, & ramènera

ramènera le pied droit; après quoi si on veut *marcher*, *tirer* ou *s'aligner*, on en fera le commandement.

TITRE IX.

A R T. 3.
De la marche de conversion.

POUR que la conversion se fasse régulièrement, il faut que les rangs soient serrés, que tous les Officiers & les Soldats se mettent en mouvement ensemble, qu'ils aient toujours les yeux sur l'Officier placé au flanc extérieur de l'aile qui devra tourner, cet Officier devant marcher au pas redoublé; qu'ils règlent leur marche sur la sienne, de manière qu'ils lèvent chaque pied en même temps & autant de fois que lui; & qu'ils ne gagnent, à chaque pas, ni plus ni moins de terrain qu'il sera nécessaire pour se tenir à même hauteur & achever ensemble le *quart de conversion*, au commandement *halte*, & tout le monde ramènera le pied en frappant vivement & ensemble à terre : le *quart de conversion* achevé, toute la troupe retournera brusquement la tête *à droite* & restera immobile; & si elle a besoin de s'aligner, le Commandant en fera le commandement, *alignez-vous;* à ce commandement, le demi-bataillon de la droite tournera la tête *à gauche* pour s'aligner sur le centre, & les Soldats entr'eux s'aligneront, de façon que les épaules se touchent, & qu'ils puissent découvrir la poitrine du troisième homme de leur gauche ou de leur droite : il est encore nécessaire que les Officiers & les Soldats aient grande attention de ne pas se séparer en tournant, de l'Officier ou du Soldat qui est du côté qui soutient, & que les Officiers & les Sergens de serre-file tournent bien alignés entr'eux, & qu'ils empêchent les derniers rangs de rester en arrière, en les obligeant au contraire à rester continuellement serrés sur le premier.

Quart de conversion.

A R T. 4.
De la marche en colonne.

TOUTES les fois qu'un régiment devra se rompre pour marcher en colonne, le plus ancien Officier de

Le plus ancien Officier à la tête de chaque division.

L

T ITRE IX.

Voyez
PLANCHE 2.

chaque division, se portera au pas redoublé au centre de la division, à deux pas en avant du premier rang, à la fin du commandement, *rompez le bataillon*, & il sera remplacé au premier rang par le Sergent qui le suit; dès que la division se mettra en bataille, il reprendra sa place ordinaire dans les rangs.

Les autres Officiers dans les rangs.

Tous les autres Officiers, les Fourriers & les Sergens de chaque division resteront à leur place ordinaire, dans les rangs ou en serre-file, ceux de serre-file se rapprocheront seulement, à deux pas du dernier rang.

Place des Officiers supérieurs & de l'État-major, en colonne.

Le Colonel & le Lieutenant-colonel resteront à la tête de la division, devant laquelle ils sont placés dans l'ordre de bataille & marcheront deux pas en avant de l'Officier qui sera à la tête de cette division; bien entendu qu'ils pourront se porter de-là par-tout où besoin sera.

Le Major marchera à la tête du régiment, à deux pas en avant de l'Officier qui sera à la tête de la première division; l'Aide-major & le Sous-aide-major de chaque bataillon se tiendront sur les ailes, l'un sur le flanc droit, l'autre sur le flanc gauche; mais en observant dans les bataillons où sera le Colonel ou le Lieutenant-colonel de se tenir à portée de lui pour recevoir ses ordres.

Place des Tambours en colonne.

Les Tambours de chaque bataillon se placeront sur un ou deux rangs sur le flanc de la colonne à hauteur du quatrième peloton; & lorsque le terrain ne leur permettra pas d'y marcher, ils se placeront dans la colonne entre le quatrième & le cinquième peloton.

Distances des divisions & des rangs.

Si les divisions ne sont en colonne que pour manœuvrer, les rangs resteront serrés, & toutes les divisions se mettront en mouvement à la fois pour marcher, en conservant toujours entr'elles un espace égal à l'étendue de leur front, cette distance sera comptée du premier rang de la division au premier rang de celle qui précèdera.

Voyez
PLANCHE 3.

Si l'on avoit beaucoup de chemin à faire faire à ces

diviſions, on fera ouvrir les rangs à deux pas de diſtance pour leur donner plus d'aiſance à marcher, auquel cas ſi le front des diviſions eſt aſſez étendu pour que les rangs puiſſent s'ouvrir ainſi, ſans alonger la colonne, le premier rang de toutes les diviſions s'ébranlera en même temps, puis le ſecond, puis le troiſième, & la diſtance d'une diviſion à l'autre n'en ſera pas moins égale alors à l'étendue de leur front, quoiqu'il y ait moins d'eſpace entre le premier rang de la diviſion & le dernier rang de celle qui la précèdera; mais ſi le front des diviſions ne permet pas d'ouvrir les rangs à deux pas de diſtance, ſans alonger la colonne, la première diviſion ſe mettra en mouvement ſeule, ſucceſſivement par rang; puis la ſeconde, & ainſi des autres, en obſervant qu'il n'y ait alors que deux pas de diſtance entre l'Officier qui ſera à la tête de la diviſion & les ſerre-files de celle qui la précèdera.

TITRE IX.

Les files des ailes de la colonne ſeront toujours alignées par la droite ou par la gauche, ſur le côté par où le régiment devra ſe mettre en bataille.

Files des ailes
de la colonne,
comment alignées.

Lorſqu'en marchant, il ſe trouvera quelque empêchement qui ne permettra pas au front de la colonne de paſſer en entier, ſi l'on marche alors à rangs ouverts, à deux pas de diſtance, & que le paſſage ſoit ſur la droite, les hommes de la gauche de chaque rang qui ne pourront pas marcher devant eux prendront le petit pas au commandement de l'Officier pour doubler, & doubleront par le pas oblique derrière ceux qui auront marché, dès que les premiers les auront dépaſſés : la même choſe s'obſervera par ceux de la droite, ſi le défilé eſt à gauche; & quand le défilé ſera au centre, ceux du centre paſſeront les premiers, & ceux de la droite & de la gauche doubleront de même derrière le centre pour paſſer après. Mais ſi l'on marchoit à rangs ſerrés, les trois rangs, de la droite, du centre, ou de la gauche de chaque diviſion qui ſe trouveront devant le défilé, paſſeront enſemble les premiers; les trois autres rangs paſſeront enſuite.

Paſſage du défilé.
Voyez
PLANCHE 4.

Voyez
PLANCHE 5.

Le mouvement ne se commencera dans chaque division que tout près du défilé, & dès qu'elle l'aura passé elle dédoublera ses files. On aura attention, soit en doublant, soit en dédoublant, de ne se rejeter jamais, ni sur la droite ni sur la gauche, mais de faire face toujours directement devant soi.

Les parties de rang, qui auront été rompues, se joindront en redoublant le pas, afin qu'il n'y ait point de retardement à la marche de ceux qui les suivront, & que chaque division conserve toujours la même profondeur sans l'augmenter; mais il faut qu'après avoir passé le défilé de dix ou douze pas, la première division de la colonne marche très-lentement pour donner le temps aux parties qui auront doublé de dédoubler au commandement de l'Officier, elle prendra ensuite le pas ordinaire que toutes les autres divisions prendront successivement.

Quart de converfion en marchant.

Voyez
PLANCHE 6.

Lorsqu'en marchant à rangs ouverts, il s'agira de faire un *quart de converfion*, l'Officier qui conduira chaque division, commandera, *ferrez vos rangs*, auffitôt les derniers rangs se ferreront au pas redoublé sur le premier rang, qui continuera de marcher le pas ordinaire; l'Officier ayant attention de faire ce commandement affez à temps, pour que le dernier rang ait achevé de ferrer au moment que le premier rang arrivera sur le lieu où la division devra tourner : alors l'Officier commandera, *à droite* ou *à gauche, quart de converfion;* à ce commandement les rangs feront ensemble légèrement le *quart de converfion*, en observant de tourner avec la plus grande exactitude, que les armes ne chancellent point, & que les derniers rangs suivent bien leurs chefs-de-files. Dès que le *quart de converfion* sera fait, l'Officier commandera *marche;* à ce commandement, le pivot ceffera de foutenir & toute la division marchera en avant jusqu'à ce qu'ayant dépaffé le lieu sur lequel la division aura tourné; l'Officier commandera, *ouvrez vos rangs*, & alors le premier rang continuant de marcher, les autres rangs raccourciront leurs

pas

pas & marqueront leurs mouvemens jufqu'à ce qu'ils aient gagné la diftance qu'ils avoient avant de tourner pour reprendre le pas du rang qui les précèdera.

Ces commandemens à une divifion, n'influeront en rien fur la marche de la divifion fuivante, qui obfervera de ne point ralentir fon pas.

Dans tous ces *quarts de converfion*, les Officiers & les Fourriers de ferre-file auront attention d'empêcher que les derniers rangs ne reftent en arrière; ils fe ferreront auffi eux-mêmes fur ce dernier rang, tourneront bien alignés entr'eux & marqueront toujours le pas avec leur divifion; dès que le dernier rang fe fera éloigné d'eux à la diftance prefcrite, ils reprendront la leur.

A R T. 5.

De la marche pour fe remettre en bataille.

QUAND après avoir ainfi marché à rangs ouverts, on voudra fe reformer en bataille, fi la colonne occupe alors plus de terrain que le régiment n'en doit avoir étant formé, on commandera, *divifions, ferrez vos rangs en avant;* à ce commandement, les Tambours fortiront de la colonne, s'ils y font, pour fe replacer fur le flanc, & le premier rang de la première divifion ne marchera plus que le petit pas, tandis que celui des autres divifions continuera de marcher le pas ordinaire, & que les derniers rangs de chaque divifion fe ferreront fur le premier au pas redoublé; auffitôt que les rangs feront ferrés, on commandera, *divifions, ferrez vos diftances:* à ce fecond commandement, la première divifion entière ne marchera que le petit pas, les autres fe ferreront fur elle au pas redoublé, jufqu'à ce qu'elles foient arrivées à la diftance prefcrite, après quoi elles marcheront avec elle le petit pas; quand la dernière divifion aura fini de ferrer, on commandera *marche;* à ce commandement, toutes les divifions fe mettront en mouvement à la fois pour marcher le pas ordinaire à rangs ferrés & à la diftance prefcrite,

Se remettre en bataille fur la gauche ou fur la droite.

Voyez PLANCHE 7.

M

jufqu'à ce qu'on leur commande *halte*, & qu'on leur faffe faire enfuite *à droite* ou *à gauche*, *un quart de converfion* pour les mettre en bataille, pendant lequel mouvement les Tambours battront *au drapeau*.

Si la colonne n'étoit pas plus étendue que ne doit l'être le front du régiment, la tête de la colonne ne ralentira pas fa marche, & on pourra la faire mettre en bataille, auffitôt que les rangs feront ferrés dans chaque divifion.

Se mettre en bataille en avant.

Voyez PLANCHE 8.

Mais, fi au lieu de fe remettre ainfi en bataille fur la droite ou fur la gauche, on étoit obligé de le faire (par exemple par la droite) fur un terrain où l'on arriveroit par la droite, fans rien changer à l'ordre ordinaire d'un régiment; alors, après avoir fait ferrer les rangs & les divifions, on commandera :

1. *Divifion, en bataille fur la droite.*
2. *Marche.*

Le premier commandement ne fervira que d'avertiffement.

Au deuxième commandement, les divifions s'ébranleront toutes à la fois pour marcher le pas ordinaire en avant, à l'exception de la première divifion de la colonne qui fera un *quart de converfion* par la droite & marchera enfuite douze pas en avant au commandement de fon Officier; après quoi faifant *halte*, elle dreffera fes rangs & fes files : pendant ce temps la feconde divifion continuera de marcher en avant, & dès qu'elle fera arrivée à la gauche de la première qui aura déjà tourné, elle fera de même un *quart de converfion* par la droite au commandement de fon Officier, puis marchera douze pas en avant pour aller s'aligner avec la première divifion, ce qui fera répété fucceffivement par toutes les autres.

Si au lieu d'avoir à fe mettre en bataille fur la droite ou fur la gauche, on devoit fe former en avant, & qu'un bataillon (par exemple en colonne par peloton) arrive fur fon terrain par le centre, on fera ferrer tous les pelotons à la pointe de l'épée fur les Grenadiers, après quoi on commandera :

1. *Divifion, en bataille en avant.*

2. *Que le quatrième peloton ferve de divifion d'alignement.*

3. *Marche.*

TITRE IX.
Voyez
PLANCHE 9.

Les deux premiers commandemens ne ferviront que d'avertiffement.

Au troifième commandement, les Grenadiers ayant fait *à droite* marcheront par le flanc, ce qui fera répété fucceffivement par les premier, fecond & troifième pelotons, à mefure qu'en marchant en avant à ce commandement, ils arriveront fur le lieu où les Grenadiers auront fait *à droite.*

Le quatrième peloton marchera auffi en avant avec les autres pelotons de la tête, tandis que le cinquième, le fixième, le feptième & le huitième peloton feront un *à gauche*, & par le pas de flanc viendront fe former pendant la marche fucceffivement à fa gauche; dès que ces cinq pelotons feront arrivés fur l'alignement où les Grenadiers auront commencé leur mouvement, ils y feront *halte*, & les Grenadiers, ainfi que le premier, le fecond & le troifième peloton fe remettront *face en tête.*

Si au lieu de faire ferrer les divifions à la pointe de l'épée, on veut les déployer, on fera faire aux quatre dernières divifions un *demi-quart de converfion à gauche* au moment que celle du centre fera *halte*; & dès que le *demi-quart de converfion* fera fait, elles marcheront droit devant elles pour fe mettre en bataille fur la gauche.

Si au lieu d'arriver fur le terrain précifément par le centre, on y arrivoit un peu plus fur la droite ou fur la gauche, ce ne feroit plus alors le quatrième peloton qui devroit fervir de divifion d'alignement; il faudroit faire marcher le *pas de flanc à gauche* à autant de pelotons de la queue de la colonne, qu'il feroit néceffaire pour remplir tout le terrain qui feroit fur la gauche de la colonne, & dans ce cas le peloton d'alignement feroit le dernier de ceux de la tête qui devroit continuer de *marcher en avant.*

Toutes les fois qu'un régiment devra porter les armes

en marchant, on ne souffrira pas que les Officiers ni les Soldats se relâchent en rien de l'exactitude avec laquelle ils devront porter leurs armes & former leurs pas; mais lorsque les rangs seront ouverts & qu'on aura du chemin à leur faire faire, on pourra, pour les soulager, leur faire porter l'arme au bras, auquel cas il suffira qu'ils continuent de marcher alignés dans leurs rangs & dans leurs files; les Tambours cessant en même temps de battre, porteront leur caisse sur le dos; bien entendu qu'il ne sera jamais permis à aucun Soldat de porter l'arme au bras avant que le commandement exprès en ait été fait.

TITRE X.

De la marche d'un Régiment, du lieu de son assemblée à son terrain d'Exercice, de la manière dont il doit y être exercé, & de son renvoi après l'exercice.

ARTICLE PREMIER.

De la marche à son terrain d'Exercice.

Ordre qu'il doit observer dans cette marche.

LORSQU'APRÈS l'arrivée des drapeaux, le Commandant voudra que le régiment ou le bataillon se mette en marche pour se rendre à son terrain d'Exercice, il fera porter les armes, & serrer les rangs, les Officiers devant rentrer dans les rangs en même temps que la troupe se serrera; il le fera ensuite rompre par section ou par peloton, puis lui faisant porter l'arme au bras, il le conduira sur le terrain où il lui fera porter les armes & le mettra en bataille, en se conformant au surplus à ce qui est prescrit aux Titres de la *Formation*, de la *Marche* & des *Évolutions*.

ART. 2.

A R T. 2.

De la manière dont il doit y être exercé.

Le régiment étant en bataille, fur fon terrain d'Exercice, on commencera par l'exercer au maniement des armes fi on le juge à propos, & fucceffivement à la marche, aux évolutions, aux manœuvres & à l'exécution des feux prefcrits.

Lorfque le Commandant d'un régiment voudra lui faire faire le maniement des armes, il fe portera, fuivi d'un feul Tambour, à la diftance proportionnée au front du régiment, en avant du premier rang auquel il fera face enfuite pour faire les commandemens fuivans:

Le Commandant fe portera en avant pour faire les commandemens du maniement des armes.

Prenez garde à vous, bataillon, pour le maniement des armes.

Après ce commandement, qui ne fervira que d'avertiffement, il fera faire un roulement, puis donner fucceffivement trois coups de baguettes.

Difpofitions pour le maniement des armes.

A ce roulement, les Lieutenans de ferre-file & les Tambours ne bougeront pas, tous les autres Officiers, Fourriers & Sergens feront *demi-tour à droite ;* à l'exception des Fourriers ou Sergens placés fur les flancs du régiment, qui feront *à droite & à gauche;* au premier coup de baguette, les Officiers, les Fourriers & les Sergens qui auront fait *demi-tour à droite,* iront fe placer derrière le bataillon; favoir, les Sous-lieutenans au centre de leur fection avec les Porte-drapeaux & les Sergens de leur garde, fur l'alignemént des Lieutenans de ferre-file; les Capitaines au centre de leur compagnie, à quatre pas en arrière des Lieutenans; les Fourriers & le refte des Sergens à quatre pas en arrière des Capitaines fur un rang; chaque Sergent au centre de fa demi-fection, & chaque Fourrier au centre de fa compagnie; le dernier Sergent de la gauche fe portera encore quelques pas plus loin en avant, en se jetant sur sa droite pour servir d'homme-d'aile pour le *demi-tour à droite*; les Tambours, après ce premier coup de baguette, rappelleront tout de suite & marcheront le pas en arrière pour s'aligner sur le rang des Lieutenans, le Tambour-major marchant à leur tête.

A ce même coup de baguette, le chef de la première file de la compagnie de Grenadiers se portera vingt ou trente pas en avant du premier rang, en se jetant dix ou douze pas sur sa droite pour servir d'homme-d'aile; les Sergens des flancs, après avoir fait un *à droite* ou un *à gauche*, se porteront à douze pas sur les flancs; l'Aide-major se placera en même temps à la droite du bataillon, & le Sous-aide-major à la gauche; tous les deux sur l'alignement du troisième rang, le Major à la droite à la hauteur du premier rang, & le Lieutenant-colonel derrière le centre de son bataillon, à deux pas en arrière des Capitaines, & les Tambours cesseront de rappeler lorsqu'on leur en fera le signal.

Au deuxième coup de baguette, tous les Officiers, les Fourriers, les Sergens & les Tambours feront face au bataillon pendant que les Soldats s'ouvriront un peu sur les ailes de leur section, en se jetant brusquement de côté pour remplir le vide de la file des Officiers, & se tenir prêts à commencer le maniement des armes.

Au troisième coup de baguette, les Officiers, les Fourriers & les Sergens se reposeront sur les armes, en se réglant sur leur droite pour tous les mouvemens qu'ils auront à faire.

Ils resteront ainsi reposés sur leurs armes & immobiles.

Ils examineront avec la plus grande attention si les Soldats exécutent tous les temps avec précision, afin de remarquer ceux qui y manqueront, pour les exercer à part après l'Exercice fini ou pour les punir ; mais ils ne les reprendront jamais pendant la durée de l'Exercice.

Quand un Soldat fera tomber sa baguette, son chapeau ou sa baïonnette, en quelque temps de l'Exercice que ce soit, il ne les ramassera point, & il attendra que le Commandant ordonne à un Sergent de le faire.

Aussitôt que les Officiers, les Fourriers & les Sergens feront reposés sur leurs armes, le Commandant fera faire un roulement; l'homme-d'aile devra partir aussitôt après avoir mis l'intervalle d'un temps, pour commencer le maniement des armes, qu'il continuera sans attendre d'autre commandement ni d'autre signal.

Le maniement des armes d'un ou de plusieurs bataillons ne devra jamais se faire qu'à la muette.

Si le Commandant ne juge pas à propos de faire recommencer le maniement des armes, il commandera :

Prenez garde à vous pour reprendre vos postes.

Après quoi il fera faire un roulement suivi d'un coup de baguette.

A ce commandement, l'homme-d'aile fera *demi-tour à droite*, & les Soldats se serreront de droite & de gauche sur le centre de leur section, en se jetant brusquement de côté afin de laisser de la place pour la file des Officiers.

Au roulement, tous les Officiers, les Fourriers, les Sergens, l'homme-d'aile & les Tambours partiront ensemble pour aller occuper leur place ordinaire dans le bataillon; & les Tambours, après ce roulement, *rappelleront* tout de suite jusqu'à ce qu'on leur fasse le signal de cesser.

Au coup de baguette, l'homme-d'aile, les Fourriers

examiner si leurs Soldats ne font point de fautes.

Défense aux Soldats de ramasser pendant l'Exercice, leur chapeau, leur baguette & leur baïonnette, s'ils les laissent tomber.

Roulement auquel l'homme-d'aile devra commencer le maniement des armes, qu'on fera toujours à la muette.

Faire revenir les Officiers, Fourriers & Sergens à leur poste.

& les Sergens qui auront marché fur les flancs fe remettront *face en tête*, le Commandant fe rapprochera en
même temps du bataillon, en renvoyant le Tambour
à fa place ordinaire derrière le bataillon.

*Officiers
exercés à faluer
de leurs armes,
& les
Porte-drapeaux
de leur drapeau.*

Si le Commandant juge enfuite à propos d'exercer
les Officiers à faluer, il fera ouvrir les rangs & repofer fur leurs armes les Fourriers, les Sergens & les
Soldats; puis il ordonnera aux Officiers de fortir des
rangs pour occuper leur place de parade, & il les exercera à faluer de leurs armes, & les Porte-drapeaux de
leurs drapeaux, de pied-ferme & en marchant, fe mettant à leur tête & décidant du lieu & du moment où
le falut devra fe faire ; après quoi il leur ordonnera
de reprendre leur place ordinaire dans le bataillon pour
s'exercer à la marche, aux évolutions, aux manœuvres
& à l'exécution des feux.

*Parties
des Exercices
auxquelles on
doit s'attacher
de préférence.*

Dans ces dernières parties des Exercices, on s'atta-
chera de préférence à enfeigner au régiment à marcher
le pas ordinaire & le pas redoublé en ligne de plufieurs
bataillons de front, fans que les rangs & les files ceffent
d'être alignés, & fans refferrer ni augmenter leurs intervalles ni leurs diftances, à marcher légèrement par le
flanc fans ouvrir les files, à bien ajufter dans l'exécution
des feux & ne tirer jamais qu'au commandement, à bourrer
ferme en chargeant & à recharger avec la plus grande
vivacité.

A R T. 3.

Du renvoi du régiment après l'Exercice.

*Manière
dont le régiment
doit être ramené
au lieu
de fon affemblée.*

QUAND après la fin de l'Exercice du régiment ou
du bataillon, le Commandant jugera à propos de le
ramener au lieu de fon affemblée, il le fera remettre à
trois de hauteur s'il étoit alors à fix, & enfuite il le
fera rompre pour le ramener dans le même ordre qu'il
fera parti & s'y reformer en bataille; après quoi, il fera
ouvrir les rangs, & les Officiers prendront en même

temps

temps leur place de parade ; & il ordonnera à un Officier-major, aux Porte-drapeaux, aux Sergens de leur garde & aux Tambours, de se rassembler à la tête de la compagnie de Grenadiers qui aura été chercher les drapeaux, pour les reconduire dans le même ordre qu'ils les auront conduits. Au départ des drapeaux, les Tambours battront *le drapeau* ; le régiment ou le bataillon présentera les armes, & les Officiers salueront ensemble par bataillon, de la manière réglée pour l'arrivée des drapeaux.

Dès que les drapeaux se seront éloignés de vingt pas, le Commandant ordonnera au régiment ou au bataillon de porter les armes & de serrer les rangs, & les Officiers prendront en même temps leur poste dans le bataillon.

Après ces commandemens, chaque Capitaine ramènera sa compagnie à son quartier particulier d'assemblée, d'où cependant il ne la renverra dans ses logemens qu'après avoir fait ôter la baïonnette, décharger les armes, fait retirer les cartouches, & avoir laissé reposer la compagnie, si le temps a été fort chaud.

Aussitôt que les escouades seront rentrées dans leur logement, chaque Caporal visitera les armes de la sienne ; & s'il y manque quelque chose, il en avertira sur le champ le Fourrier, pour qu'on le fasse réparer promptement. Il aura pareillement soin que son escouade se mette en état de paroître proprement & bien de tout point, si elle se trouvoit subitement dans le cas de reprendre les armes.

La compagnie de Grenadiers & les Tambours qui auront reconduit les drapeaux, seront ramenés en ordre, & sans battre au lieu de leur assemblée particulière, pour être renvoyés de là dans leur logement, comme il a été prescrit pour le reste du régiment ou du bataillon.

Titre X.

Renvoi des drapeaux.

Renvoi du régiment.

Renvoi des compagnies.

Examen de l'armement, de l'équipement & de l'habillement par les Caporaux, pour faire réparer sur le champ ce qui auroit pu souffrir pendant l'Exercice.

O

TITRE XI.

Du Maniement des armes.

ARTICLE PREMIER.

Observations générales.

En quoi consiste la perfection du maniement des armes.

LA perfection du maniement des armes consiste en ce que les Soldats soient avec grâce sous les armes; c'est-à-dire qu'ils s'y tiennent la tête & le corps droits d'à-plomb, les pieds bien placés, les talons joints, & la tête un peu tournée à droite, quoique faisant face carrément devant eux, sans avancer une épaule plus que l'autre; en ce que leurs rangs, leurs files & leurs armes soient toujours exactement alignés dans leurs différens mouvemens; qu'ils brusquent leurs temps avec la plus grande vivacité; qu'ils arrivent par la voie la plus courte à l'objet proposé, passant leurs armes tout près du corps, sans souffrir aucun mouvement alongé; qu'ils comptent toujours 1, 2, 3, 4, 5, 6, 7 & 8 pour l'intervalle d'un temps à l'autre; & qu'à la fin de chaque temps, il y ait une cessation totale de mouvement.

Durée du repos d'un temps à un autre.

Pour mettre toute la précision possible dans ces différens repos, on accoutumera les Soldats à compter depuis 1 jusqu'à 8 dans le temps environ d'une seconde & demie, & à répéter cette formule autant de fois qu'ils auront cet espace de temps à attendre pour exécuter les mouvemens.

Manière dont les Soldats doivent être sous les armes avant de commencer le maniement des armes.
Voyez
PLANCHE 10.

Lorsque les Soldats devront commencer le maniement des armes, ils auront la baïonnette au bout du canon, & ils porteront les armes en tenant le fusil droit & ferme contre l'épaule gauche, le canon bien en dehors, c'est-à-dire en avant de soi, la sougarde serrée contre le corps, à deux pouces au-dessous du défaut de l'épaule, la croffe appuyée fur l'os de la hánche au défaut de la cuiffe, fans en gêner le mouvement, & foutenue par la main gauche, les trois derniers doigts fous le talon, le premier doigt fur la vis & le pouce au-deffus, de manière que l'arme ne chancelle point, ni ne penche vers la tête ou vers la gauche; le bras droit pendant, le bras gauche appuyé contre le corps fans être gêné, & le coude un peu en arrière, la main droite pendante fans mouvement.

La pofition d'un Soldat fous les armes, fera examinée à la rigueur en toute occafion, pour ne lui fouffrir jamais aucun relâchement à cet égard.

On ne fouffrira aucune négligence aux Soldats fous les armes.

Le maniement des armes fe divifera en trois parties, dont l'une comprendra l'infpection, l'autre proprement dite le maniement des armes, qui comprendra les commandemens les plus effentiels, & la troifième, le petit maniement des armes : la première & la troifième ne s'exécuteront qu'en détail, ou au plus par une ou deux compagnies.

Trois fortes de maniement des armes.

A R T. 2.

Commandemens pour l'Infpection.

TOUTE troupe devant prendre les armes fortant de la chambre, du logement ou de la tente, fe placera en haie, fe repofant fur le fufil, la main baffe.

Pour en faire l'infpection, on commandera :

1. *La main droite au fufil.*

EN un temps :

> On quittera le milieu du fufil, pour, en élevant le bras, porter la main au bout du canon, & prendre la pofition de *repofer fur le fufil.*

2. *Mettez la baïonnette au bout du canon.*

EN quatre temps :

> Au premier, on fera un à *droite*, tournant fur le

talon gauche, plaçant le pied droit, le talon en équerre contre la boucle du pied gauche, laiffant tomber le fufil de biais, la baguette vers le corps, le fufil ferré au corps, la main droite fe tournant de façon que le pouce fe trouve le long du canon contre la baguette, la main gauche l'empoignera à hauteur du ceinturon, l'avant-bras collé au corps, le gros bout de la croffe tournant fur la place.

Au fecond, la main droite quittant le bout du fufil, empoignera la baïonnette entre le fufil & le corps, & on la dégagera du fourreau pour la faifir au-deffus de la douille; la main gauche éloignant le canon du corps, le haut du bras collé au corps, fans que la croffe quitté fa place.

Au troifième, on portera la baïonnette dans la même direction que le fufil au bout du canon, où on l'engagera prête à y-être emboîtée, en rapprochant en même temps le fufil du corps.

Au quatrième, on emboîtera la baïonnette dans le canon, & tout de fuite on faifira la baguette entre le pouce alongé & le premier doigt plié.

3. *Mettez la baguette dans le canon.*

En quatre temps:

Au premier, on chaffera tout de fuite la baguette à moitié hors des tenons, en alongeant brufquement le bras droit de toute fa longueur, & renverfant vivement la main droite, le pouce en bas pour empoigner la baguette près du bout du canon.

Au deuxième, on achèvera de la tirer par un fecond mouvement du bras très-prompt; on la fera tourner, le bras droit tendu, derrière le dos du Soldat du même rang, pour la porter brufquement fur la boucle du ceinturon, la raccourciffant à quatre doigts du gros bout, & la tenant parallèle au canon.

Au troifième, on la portera au bout du canon dans la même direction que le fufil, dans lequel on la laiffera tomber, & on rapportera auffitôt la main droite au bout du fufil.

Au quatrième, faifant *face en tête* par un *à gauche* fur le talon gauche, & ramenant le pied droit fur l'alignement
du

du gauche, laiſſant tomber la main gauche le long de la cuiſſe, pour revenir dans la poſition de *repoſer ſur le fuſil*.

Dans les cas où l'on ne jugera pas néceſſaire de mettre la baguette dans le canon, on commandera après avoir mis la baïonnette:

Face en tête.

EN un temps:

Comme au quatrième temps du commandement ci-deſſus.

4. *Portez vos armes en avant.*

EN trois temps:

On élèvera le fuſil de la main droite, en le rapprochant du corps pour le tenir perpendiculairement vis-à-vis du genou droit, le bout du canon à hauteur de l'œil, le ſaiſiſſant en frappant de la main gauche, le bras tendu ſerré au corps à la hauteur du ceinturon.

Au deuxième, on ramènera le fuſil de la main gauche devant ſoi, le canon en dedans entre les deux yeux & à plomb, la main droite le ſaiſira à la poignée, le bras tendu, la ſougarde appuyée ſur le premier doigt, la main gauche à hauteur de la cravate, le pouce alongé le long du canon contre la monture.

Au troiſième, on quittera le fuſil de la main gauche, pour la laiſſer tomber le long de la cuiſſe, l'élevant de la main droite la platine en dehors & vis-à-vis de la poitrine, le bras droit demi-tendu, le coude ſerré au corps, le pouce alongé ſur la contre-platine, appuyé à la première vis, le chien appuyé ſur le premier doigt, le canon à plomb.

Ce quatrième commandement ne doit jamais s'exé-cuter dans les inſpections que ſucceſſivement & à meſure que celui chargé de faire l'inſpection ſe trouvera vis-à-vis de chaque Soldat, qui le fera pour lors ſans com-mandement; celui chargé de faire l'inſpection prendra le fuſil pour l'examiner, & après qu'il l'aura rerdu au Soldat, le Soldat exécutera de lui-même en trois temps le commandement ſuivant.

P

5. *Reposez-vous sur les armes.*

En trois temps:

Au premier, on reprendra la position du deuxième temps du quatrième commandement, donnant un coup vif & sec de la main gauche.

Au deuxième, on reprendra la position du premier temps du quatrième commandement.

Au troisième, on posera la crosse à terre sans relever le fusil, le gros bout contre & à côté de la pointe du pied droit, la fougarde en avant; observant d'élever le pied droit & de le replacer aussitôt en frappant vivement en même temps que la crosse arrivera à terre, & la main gauche tombera pendante sur le côté.

6. *Ouvrez la cartouche.*

En un temps:

En portant la main gauche derrière le dos, pour lever le couvercle de la cartouche.

7. *Fermez la cartouche.*

En un temps:

Laissant retomber le couvercle de la cartouche pour qu'elle soit refermée, & la main gauche tombera en même temps pendante sur le côté.

8. *Remettez la baguette dans son lieu.*

En cinq temps:

Au premier, on fera *à droite* tournant sur le talon gauche pour reprendre la position du premier temps du deuxième commandemet; observant qu'il faut ici saisir le bout de la baguette entre le bout du pouce & le premier doigt de la main droite.

Aux deuxième & troisième, on retirera la baguette comme il est dit aux premier & deuxième temps du troisième commandement; observant de ne la raccourcir ici en glissant avec la main droite, que de façon que le bout du pouce soit à hauteur de la monture du fusil & parallèle au canon.

Au quatrième, on élèvera la baguette toujours parallèle au canon pour la mettre dans le premier porte-
baguette, d'où la conduisant en glissant avec le pouce
jusque dans le second, on déploiera le bras droit pour
mettre les deux derniers doigts sur le gros bout de la
baguette, la main demi-fermée, pour achever de l'en-
foncer brusquement d'un seul mouvement, qui ramènera
cette main au bout du fusil, qu'elle empoignera tout
de suite.

Au cinquième, on fera *face en tête* comme au quatrième
temps du troisième commandement.

Si l'on ne doit point assembler les escouades tout
de suite, ou qu'il faille encore attendre quelqu'un pour
faire une inspection, on commandera :

9. *La main basse.*

EN un temps :

On quittera de la main droite le bout du fusil, laissant
tomber vivement le bras droit de toute sa longueur, pour
frapper du plat de la main contre le fusil, qu'on laissera
tomber dans le bras.

Le Soldat restera immobile dans cette position, de
même qu'il doit être toutes les fois qu'il est sous les
armes, jusqu'à ce que l'on fasse le commandement suivant :
Reposez-vous. Ce commandement ne sera qu'un avertissement quand on voudra faire reposer.

Alors le Soldat pourra ne plus conserver l'immobilité,
soit pour essuyer son fusil, pour rajuster son chapeau &
son équipement, parler & même sortir du rang, laissant
cependant son fusil à son camarade de sa droite du même
rang.

On aura attention de donner ce moment de repos
toutes les fois qu'on le croira nécessaire, pour soulager
le Soldat, après le maniement des armes, pendant les
manœuvres ou autrement.

Si après l'inspection on doit rassembler les différentes
escouades ou détachemens des compagnies, ou continuer
les manœuvres ; on avertira : *Prenez garde à vous.* Ceci

ne fera qu'un avertiffement lorfqu'on aura fait repofer.

A cet avertiffement, tout le monde ajuftera vîte fon chapeau, reprendra l'immobilité; & regardera l'homme-d'aile pour exécuter avec lui les commandemens fuivans:

10. *La main droite à vos armes.*

En un temps:

Comme au commandement pour commencer l'infpection.

11. *Portez vos armes.*

En quatre temps:

Au premier, comme au premier temps du quatrième commandement.

Au deuxième, comme au deuxième temps du quatrième commandement.

Au troifième, on relèvera le fufil de la main droite, le pouce alongé fur la contre-platine pour porter le canon en dehors & à plomb vis-à-vis l'épaule gauche; on placera en même temps la main gauche en frappant à la croffe, les trois derniers doigts fous la croffe, le premier fur la vis, le pouce au-deffus, le bec de la croffe appuyé légèrement fur l'os de la hanche au défaut de la cuiffe, le coude en arrière fans affectation, ni trop ferré ni trop détaché.

Au quatrième, on placera le fufil contre l'épaule gauche, en le pouffant de la main droite, pour achever de le porter comme il eft prefcrit, & la main droite tombera vivement pendante le long de la cuiffe.

A r t. 3.

Du grand maniement des armes.

COMMANDEMENT pour le maniement des armes à rangs ferrés, les Officiers & Sergens ayant paffé derrière le bataillon.

Que le maniement des armes fe faffe à la voix ou à la muette, on mettra toujours le temps qu'il faut pour

compter

compter 1, 2, 3, 4, 5, 6, 7 & 8, entre le Commandement ou le roulement, & le premier temps, ainsi que d'un temps à l'autre.

1. *A droite.*

EN deux temps:

Au premier, on tournera sur les deux talons, élevant un peu les pointes des pieds, la tête tournant en même temps naturellement de droite à gauche, en ne quittant point des yeux l'homme-d'aile.

Au second, on portera brusquement le pied droit à côté du gauche sur le même alignement, élevant le pied jusqu'à la hauteur du gras de jambe pour frapper vivement & ensemble contre terre.

2. *A gauche.*

EN deux temps:

Au premier, on se remettra en tournant de même sur les deux talons pour faire *face en tête.*

Au second, comme ci-dessus.

3. *Demi-tour à droite.*

EN trois temps:

Au premier, on portera le pied droit en arrière, & le talon droit à trois pouces du gauche, la boucle du pied droit se trouvant précisément derrière le talon du pied gauche, sans tourner le corps ni faire aucun mouvement autre que celui de porter vivement la main droite à la cartouche, la saisissant par le coin pour la contenir en tournant.

Au second, on tournera légèrement par la droite sur les deux talons, élevant un peu les pointes des pieds pour faire exactement *face* du côté opposé, la tête restant à droite pour fixer promptement l'homme d'aile derrière la gauche devenue la droite, serrant la crosse avec la main gauche, pour ne faire aucun mouvement avec le fusil en tournant.

Au troisième, on rapportera le pied droit à côté du gauche en frappant contre terre & en quittant en même temps la cartouche de la main droite pour la laisser pendre sur le côté.

4. *Demi-tour à droite.*

En trois temps:

1.
2. } Comme ci-dessus.
3.

5. *Haut les armes.*

En deux temps:

Au premier, on portera la main droite sous la platine sans mouvoir le fusil, le pouce alongé sur la contre-platine, & le premier doigt appuyé contre le chien.

Au deuxième, en tournant le fusil on le portera devant soi entre les deux yeux, le canon en dedans, la main droite embrassant la poignée du fusil près de la sougarde, & plaçant le pouce droit sur le chien, le premier doigt au-dessus de la sougarde, & les trois autres au-dessous, le coude droit à hauteur du poignet; on saisira en même temps le fusil de la main gauche, la tenant à hauteur de la cravate, le petit doigt touchant l'extrémité de la platine, le pouce alongé le long du canon contre la monture, & le canon bien à-plomb près du corps, rapprochant le coude gauche du corps sans le gêner.

6. *Apprêtez vos armes.*

En un temps:

Les Soldats du premier rang mettant le genou droit en terre directement à dix ou douze pouces en arrière, & six pouces sur le côté droit, poseront la crosse vivement à terre à côté du genou droit, le gros bout aligné avec le talon gauche, glissant la main gauche jusqu'à la capucine, le pouce toujours alongé le long du bois, saisissant le chien avec le pouce & le premier doigt de la main droite, pour armer sitôt que la crosse sera arrivée à terre.

Les Soldats du second rang feront un *demi à droite*, plaçant le talon droit en équerre, derrière & contre le gauche ; ceux du troisième rang porteront le pied droit trois pouces en arrière de la place qu'il occupoit, & à six pouces du talon gauche sur la droite, sans effacer le corps ; les Soldats de ces deux derniers rangs armeront en même temps leur fusil, en serrant le coude droit contre la hanche.

7. *En joue.*

EN un temps :

Les Soldats des trois rangs appuieront la crosse à l'épaule droite, le coude droit serré contre le corps, & ajustant devant eux, ils placeront le pouce droit sur la poignée du fusil & le premier doigt dans la sougarde : les Soldats du premier rang observeront d'avoir alors le corps fort en arrière, & de tenir leur fusil horizontalement, tandis que les deux derniers rangs, glissant la main gauche jusqu'à la capucine, abaisseront un peu le bout du fusil ; les trois rangs visant en baissant un peu la tête.

8. *Feu.*

EN un temps :

On appuiera avec force le premier doigt sur la détente sans baisser davantage la tête ni faire aucun mouvement, & aussitôt après le premier rang se relèvera brusquement, & tous les trois retireront vivement leurs armes, la crosse sous le bras droit, le bout du canon élevé à la hauteur de l'œil, la platine vis-à-vis la poitrine à la hauteur du teton droit, la sougarde un peu en dehors, la main gauche restant à la capucine, le pouce le long du bois ; le coude serré, le premier doigt de la main droite courbé & le pouce sur le chien, les trois derniers doigts fermés prêts à mettre en repos : à l'égard des pieds, on retirera le droit pour en former l'équerre avec le gauche ; les talons joints l'un derrière l'autre, la pointe du pied gauche droit en avant, le talon gauche restant à la place où il étoit en mettant en joue.

9. *Mettez le chien en son repos.*

EN un temps :

On relèvera le chien avec le pouce & le premier doigt,

fans remuer le fufil jufqu'à ce que le chien s'arrête dans
le cran du repos, & tout de fuite on faifira vivement la
croffe avec la main droite derrière la batterie.

10. *Prenez la cartouche.*

En un temps :

On portera brufquement la main droite au porte-
cartouche, & on en tirera une cartouche pour la tenir
entre le pouce & les deux premiers doigts, le bras tendu
à côté du porte-cartouche.

11. *Déchirez la cartouche.*

En deux temps :

Au premier, on élèvera le poignet droit le long du
corps entre la croffe & le corps, pour porter la cartouche
à la bouche & la déchirer jufqu'à la poudre.

Au fecond, on la portera brufquement près du baffinet,
la tenant entre le pouce & les deux premiers doigts, le
bout de la cartouche près & à côté de baffinet.

12. *Amorcez.*

En un temps :

Tenant la cartouche des deux premiers doigts, le
pouce fur l'ouverture, on remplira le baffinet de poudre,
en baiffant un peu la tête pour y regarder, & à la fin
du temps, on portera la main droite derrière la batterie
en relevant la tête.

13. *Fermez le baffinet.*

En un temps :

On fermera le baffinet avec les deux derniers doigts,
tenant toujours la cartouche des deux premiers doigts,
& on repofera la main droite derrière la platine, faififfant
la poignée entre les deux derniers doigts & la paume
de la main.

14. *Paffez vos armes du côté de l'épée.*

En un temps :

On fera un *demi à gauche* fur le talon gauche, élevant
le

le pied droit, pour le placer devant le pied gauche, le
talon vis-à-vis & contre la boucle du pied gauche, paſſant
en même temps le fuſil tout prêt du corps du côté gauche,
conduiſant la croſſe de la main droite juſqu'à la cuiſſe
gauche, & gliſſant la main gauche au milieu du canon;
on quittera auſſitôt le fuſil de la main droite, pour la
tenir à un pouce ſur le côté & à la même hauteur du
bout du canon; on baiſſera le fuſil de la main gauche,
juſqu'à ce qu'elle ſoit à hauteur & appuyée contre le
ceinturon, le fuſil de biais le long de la cuiſſe & la
baguette tournée vers le corps, inclinant un peu le corps
pour voir dans le canon.

15. *Mettez la cartouche dans le canon.*

En un temps:

On tournera bruſquement la main pour vider la cartouche dans le canon & la ſecoüant bien, donnart un
coup de la paume de la main contre le bout du canon,
ſaiſiſſant en même temps la baguette avec le pouce alongé
& le premier doigt courbé.

16. *Tirez la baguette.*

En deux temps:

Comme aux deux premiers temps du troiſième commandement de l'inſpection.

17. *Bourrez.*

En deux temps:

Au premier, on portera la baguette au bout du canon,
dans lequel on la fera entrer juſqu'à la main qui la tiendra;
puis la lâchant de cette main pour la reſaiſir avec le pouce
alongé, le premier doigt plié & les trois autres fermés,
auſſi haut que le bras pourra s'alonger.

Au ſecond, on la chaſſera avec force dans le canon,
après quoi on la reprendra avec le pouce étendu & le
premier doigt, au moment qu'elle rebondira, la main
près du bout du canon.

R

T I T R E XI. **18. *Remettez la baguette.***

E N quatre temps :

Au premier, on la rechaffera du canon le plus promptement qu'il fera poffible, pour la faifir en même temps au bout du canon avec la main renverfée, tenant la baguette entre le pouce, & les quatre doigts alongés au-deffus de la baguette vers le petit bout.

Au fecond, on achèvera de la tirer brufquement du canon, & on la retournera droit devant foi, le gros bout paffant devant l'œil gauche, pour la rapporter par le petit bout fur la boucle du ceinturon, alignée avec le canon, gliffant la main droite, de façon que le bout du pouce foit à hauteur de la monture du fufil.

Au troifième, on élèvera la baguette toujours parallèle au canon, pour la mettre dans le premier porte-baguette, d'où la conduifant en gliffant avec le pouce jufque dans le fecond, on déploiera le bras droit pour mettre les deux derniers doigts fur le gros bout de la baguette, la main demi-fermée & à hauteur de l'œil.

Au quatrième, on achèvera de la faire entrer en abaiffant vivement le bras droit, élevant en même temps le fufil avec la main gauche pour le faifir avec la main droite fous la platine, le pouce alongé, plaçant la main gauche fous la croffe pour prendre la pofition du troifième temps du onzième commandement de l'infpection, replaçant en même temps le pied droit à côté du gauche.

19. *Portez vos armes.*

E N un temps :

On placera le fufil contre l'épaule gauche, en le pouffant de la main droite, pour achever de le porter comme il eft prefcrit, & la main droite tombera vivement pendante le long de la cuiffe.

20. *Préfentez vos armes.*

E N deux temps :

Au premier, comme au premier temps du cinquième commandement.

Au fecond, en retirant le pied droit en équerre derrière le gauche, la boucle contre le talon faifant toujours *face en tête*, on détachera le fusil de l'épaule, l'abandonnant de la main gauche pour le tourner avec la droite, pour le porter à plomb vis-à-vis l'œil gauche, la baguette en avant, le bras droit étendu dans toute sa longueur, la main droite l'empoignant au-dessous, & contre le chien & la fougarde ; & la main gauche le saisissant en frappant au-dessus, le petit doigt contre la platine, le pouce alongé le long du canon contre la monture, & l'avant-bras collé au corps sans être gêné.

21. *Portez vos armes.*

EN deux temps :

Au premier, en frappant du pied droit pour le ramener à côté du gauche, on relèvera le fusil de la main droite pour le tourner le canon en dehors, & le placer ainsi que les mains, comme au troisième temps du onzième commandement de l'inspection.

Au second temps, comme au quatrième temps du même commandement.

22. *Reposez-vous sur vos armes.*

EN quatre temps :

Au premier, comme au premier temps du cinquième commandement du maniement des armes.

Au second, on portera brusquement de la main droite le fusil devant soi entre les deux yeux, le canon en dedans & à plomb, le bras droit abaissé & étendu dans toute sa longueur, & la main gauche saisira le fusil à hauteur du menton, le pouce alongé sur le canon.

Au troisième, on lâchera le fusil de la main droite pour l'abaisser avec la gauche, & prendre exactement la position comme au premier temps du quatrième commandement de l'inspection.

Au quatrième, comme au troisième temps du cinquième commandement de l'inspection.

23. *Portez vos armes.*

EN quatre temps :

<table>
<tr><td>1.</td><td rowspan="4">}</td><td rowspan="4">Comme au onzième commandement de l'inspection.</td></tr>
<tr><td>2.</td></tr>
<tr><td>3.</td></tr>
<tr><td>4.</td></tr>
</table>

24. *Préfentez la baïonnette.*

En deux temps :

Au premier, les trois rangs empoigneront le fufil avec la main droite, comme il eft dit au cinquième commandement du maniement des armes.

Au fecond, le premier rang faifant un *à droite* fur le talon gauche, la pointe du pied en avant, plaçant le pied droit en équerre, le talon contre le gauche, tirant le fufil de la main droite pour le coucher horizontalement dans le bras gauche, dont l'avant-bras fera deffous, le pouce au-deffus & contre le reffort de la platine, les quatre doigts deffous, la culaffe ferrée contre le creux de l'eftomac à hauteur du coude gauche qui reftera naturellement, fans le ferrer au corps, la main droite ne changeant point ; on abaiffera le coude fans fe gêner, effaçant bien l'épaule droite.

Les deux derniers rangs achèveront de faire *haut les armes.*

25. *Portez vos armes.*

En deux temps :

Au premier, le premier rang faifant *face en tête* portera de la main droite le fufil vis-à-vis l'épaule gauche, plaçant la main gauche en frappant fous la croffe, frappant en même temps du pied droit pour le remettre à fa place : les deux derniers rangs reprendront la même pofition.

Au fecond temps, on achèvera de *porter les armes.*

Le maniement des armes étant fini, fi on ne veut pas le recommencer, & qu'on veuille exercer le Soldat à charger fon fufil par un feul commandement & l'accoutumer à le faire fans omettre aucun temps, on le fera exécuter par le commandement fuivant, en faifant avancer l'homme-d'aile pour marquer les temps.

Chargez vos armes.

Pour charger les armes en dix-neuf temps.

En dix-neuf temps :

Au premier, on empoignera le fufil à l'ordinaire, de la main droite.

Au

Au second, dégageant le fufil de l'épaule, avec la main droite, on fera un *à droite*, tournant fur le talon gauche, la pointe du pied en avant, le talon du pied droit contre & derrière le talon gauche, la main gauche quittant la croffe le refaifira en même temps en frappant à la capucine, pour prendre la pofition d'après le commandement *feu*, à l'exception que le pouce de la main droite doit être placé derrière la batterie, au-deffus du chien, les quatre doigts de la main fermés.

Au troifième, on ouvrira la batterie en la pouffant vivement avec le pouce, abaiffant la main jufqu'à hauteur du ceinturon.

Au 4.ᵉ on prendra la cartouche.

5.ᵉ 6.ᵉ } On la déchirera.

7.ᵉ   On amorcera.

8.ᵉ   On fermera le baffinet.

9.ᵉ   On paffera le fufil du côté de l'épée.

10.ᵉ   On mettra la cartouche dans le canon.

11.ᵉ 12.ᵉ } On tirera la baguette.

13.ᵉ 14.ᵉ } On bourrera.

15.ᵉ 16.ᵉ 17.ᵉ 18.ᵉ } On remettra la baguette dans fon lieu.

19.ᵉ   On achèvera de porter les armes.

Les Officiers & les Sergens qui feront dans les rangs, feront *à droite* au deuxième temps en même temps que la troupe, & feront *face en tête* au neuvième temps, lorfqu'on paffera le fufil du côté de l'épée, & ils feront les mêmes mouvemens toutes les fois que les Soldats chargeront, & qu'ils feront dans les rangs.

Quand après le maniement des armes, on voudra faire charger vîte & fans intervalle entre les temps, on commandera:

S

 1. *Les armes plates.*

Ce qui s'exécutera en deux temps, que l'homme-d'aile marquera.

1. } Comme les deux premiers pour charger
2. } les armes.

2. *Ouvrez le baffinet, & chargez.*

Le Soldat l'exécutera fur le commandement, ouvrant le baffinet, prenant la cartouche, la déchirant, amorçant, fermant le baffinet, plaçant la main droite derrière la platine, tout le plus vîte poffible, mais marquant cependant exactement tous les temps ; il regardera l'homme-d'aile, & dans les feux, les chefs-de-files des pelotons ou divifions, pour paffer avec eux le fufil du côté de l'épée, continuant enfuite à mettre la cartouche dans le canon, tirer la baguette, bourrer, remettre la baguette dans fon lieu, le tout encore très-promptement & très-exactement ; il reftera fur le dix-huitième temps pour achever au dix-neuvième temps de *porter les armes* avec l'homme-d'aile.

L'homme-d'aile du bataillon ou le chef-de-file de la divifion ou du peloton, aura attention dans la charge de ne point paffer le fufil du côté de l'épée, ni de le mettre fur l'épaule, que quand il n'entendra plus aucun bruit, foit en fermant le baffinet ou en mettant la baguette dans fon lieu.

Le chef-de-file de la divifion ou du peloton ne bougera pas de fa place & ne fe tournera point pour donner le fignal néceffaire, fuffifant qu'il tienne fon fufil un peu plus élevé & plus détaché du corps, mais dans la même direction que les autres.

Art. 4.

Du petit maniement des armes.

Petit maniement des armes.

LE petit maniement des armes fe fera toujours à rangs ouverts, & jamais en plus grand nombre que par une ou deux compagnies au plus.

Les Soldats porteront le fufil fur l'épaule ; on fera ouvrir les rangs & on commandera :

1. *Remettez la baïonnette en son lieu.*

EN sept temps:

Au premier, on empoignera le fusil de la main droite comme à l'ordinaire.

Au second, en avançant le pied droit pour placer le talon contre la boucle du gauche qui ne bougera pas ; on détachera avec la main droite le fusil de l'épaule pour le tenir à plomb, le canon en dehors entre la tête & l'épaule gauche, la main gauche le saisissant en frappant à hauteur du menton, le coude serré sans être gêné, & le bras droit tendu, le bout de la crosse appuyant sur le côté de la cuisse gauche & faisant face carrément devant soi.

Au troisième, la main gauche abaissera le fusil, l'appuyant le long de la cuisse & du corps à hauteur du ceinturon, & la main droite saisira le fusil au bout du canon, le canon en dehors, la baguette vers le corps.

Au quatrième, on achèvera de poser la crosse à terre sans la soulever, dans la direction où se trouve le fusil, le glissant simplement le long de la cuisse & du corps, & sans le détacher ni déplacer les mains.

Au cinquième, on donnera un coup vif avec le dessus du premier doigt de la main droite, en empoignant la baïonnette au-dessus de la douille, pour, en la tournant, la déboiter d'un seul mouvement, & la tenir perpendiculairement au-dessus & près du canon.

Au sixième, on détachera le fusil du corps avec la main gauche, en roidissant le bras & serrant le coude, le bout du canon toujours vis-à-vis du menton, sans que la crosse change de place ; on renversera la baïonnette vivement de la main droite, abaissant un peu la tête pour porter la pointe vers le fourreau, dans lequel on la mettra tout de suite en relevant la tête.

Au septième, on rapprochera vivement le fusil du corps avec la main gauche, & on reportera la main droite en frappant au bout du canon.

2. *Portez le fusil.*

EN trois temps:

Au premier, quittant le fusil de la main droite, on

l'élèvera de la main gauche pour reprendre la position du deuxième temps du premier commandement du petit maniement des armes.

Au second, en frappant du pied droit pour le ramener à côté du gauche, on élèvera le fusil de la main droite, le quittant de la main gauche pour la placer en frappant sous la crosse, & prendre la position déjà prescrite.

Au troisième, on achèvera de porter le fusil.

3. *Passez la platine sous le bras gauche.*

EN trois temps :

Au premier, on empoignera le fusil à l'ordinaire avec la main droite.

Au deuxième, on dégagera le fusil de l'épaule avec la main droite, le canon en dehors, le saisissant de la main gauche à la capucine & à hauteur de la cravate, le pouce alongé sous la bretelle pour serrer la baguette, le fusil bien à plomb vis-à-vis l'épaule gauche, la pointe de la crosse appuyée contre la cuisse, le coude gauche sans être gêné, & le pouce droit sur la contre-platine.

Au troisième, on passera le fusil sous le bras gauche sans changer la main gauche, dont le petit doigt doit être appuyé à la hanche, la main droite tombant en même temps sur le côté.

4. *Portez le fusil.*

EN trois temps :

Au premier, on relèvera le fusil de la main gauche, pour revenir dans la position du second temps du commandement précédent.

Au deuxième, quittant la main gauche, on la placera en frappant sous la crosse, en élevant un peu le fusil de la main droite pour se trouver dans la position déjà prescrite pour porter le fusil.

Au troisième, on achèvera de porter le fusil.

5. Reposez-vous

5. *Reposez-vous sur le fusil.*

EN quatre temps :

$\left.\begin{array}{l} 1. \\ 2. \\ 3. \\ 4. \end{array}\right\}$ Comme au vingt-deuxième commandement du grand maniement des armes.

6. *Posez le fusil à terre.*

EN quatre temps :

Au premier, en même temps qu'on tournera le fusil, le canon vers le corps, on fera un *demi à droite* sur le talon gauche, on placera le pied droit derrière la crosse du fusil, de façon que la pointe du pied ne dépasse pas & soit égale avec le bec de la crosse, & on mettra la main gauche derrière le dos pour saisir la bretelle de la giberne.

Au deuxième, laissant couler la main jusqu'à la moitié du canon, on portera le pied gauche en avant en frappant, & de façon que le talon se trouve vis-à-vis la capucine, courbant le corps brusquement, la main droite doit se trouver vis-à-vis de la boucle en posant le fusil à terre, qui doit être couché bien droit en avant & aligné dans les files, la crosse appuyée au pied droit, le genou droit bien tendu sans regarder en terre ni quitter des yeux l'homme-d'aile.

Au troisième, on se relèvera en rapportant, sans frapper, le pied gauche à la place précédente, pour être placé de même & le bras droit pendant.

Au quatrième, on tournera sur le talon gauche pour faire *face en tête,* le pied droit se replaçant à côté du gauche sans frapper, & la main gauche quittant la bretelle de la giberne, tombera pendante sur le côté.

7. *Reprenez le fusil.*

EN quatre temps :

Au premier, on tournera *à droite* comme ci-devant, plaçant le pied droit de même derrière la crosse, & la

T

main gauche faisira en même temps la bretelle de la giberne derrière le dos.

Au deuxième, on prendra la position du second temps du commandement précédent.

Au troisième, on se relèvera, glissant la main droite jusqu'au bout du canon, pour revenir dans la position du premier temps du commandement précédent.

Au quatrième, on fera *face en tête,* tournant le fusil, la baguette en avant, ramenant le pied droit à côté du gauche sans frapper, & la main gauche tombera pendante.

8. *Portez le fusil.*

En quatre temps :

Comme il est dit au treizième commandement de l'inspection.

9. *Portez le fusil au bras.*

En trois temps :

Au premier, on empoignera le fusil en frappant de la main droite à environ quatre pouces au-dessous de la platine sans tourner le fusil.

Au deuxième, la main gauche quittant la crosse, se placera sur la poitrine, & on appuiera le chien sur l'avant-bras gauche sans détacher l'arme de l'épaule.

Au troisième, on laissera tomber la main droite pendante.

10. *Portez le fusil.*

En trois temps :

Au premier, on portera la main droite en frappant à la poignée du fusil.

Au deuxième, la main gauche se placera en frappant sous la crosse, & fixera le fusil dans la position ordinaire.

Au troisième, la main droite tombera pendante.

11. *Mettez la baïonnette au bout du canon.*

En sept temps :

Aux quatre premiers, comme aux quatre premiers temps du premier commandement du petit maniement des armes.

Aux trois derniers temps, comme aux tro s derniers temps du fecond commandement pour l'infpection.

12. *Portez vos armes.*

En trois temps :

Comme au fecond commandement du petit maniement des armes.

Lorfque dans les manœuvres ou autres occafions, on voudra expliquer quelque chofe , & que l'on voudra pendant ce temps-là faire repofer le Soldat & lui donner la facilité de fortir du rang, on commandera :

13. *le fufil (ou les armes) près du pied.*

En deux temps :

Au premier, on laïffera tomber le bras gauche de toute fa longueur pour baiffer le fufil, on le faifira en frappant avec la main droite vis - à - vis de l'épaule gauche, près & au-deffus de la capucine, fans remuer autrement le fufil.

Au fecond , on détachera le fufil de l'épaule gauche pour l'amener à droite avec la main droite, pofer en même temps la croffe à terre & prendre la pofition du neuvième commandement de l'infpection, à l exception qu'on ne frappera pas de la main, & le Soldat pourra alors ne plus conferver l'immobilité fans qu'on en faffe l'avertiffement.

Quand on voudra continuer l'exercice , on fera l'avertiffement fuivant :

Prenez garde à vous.

Le Soldat rajuftera promptement fon chapeau & reprendra l'immobilité, portera le pouce droit fur le canon pour empoigner le fufil, les quatre doigts alongés fur le bois, & on fera porter le fufil fur l'épaule par le commandement :

Portez vos armes.

EN deux temps :

Au premier, on élèvera le fusil de la main droite en le portant vis-à-vis de l'épaule gauche, & en le faisant tourner pour que le canon se trouve en dehors, en empoignant en même temps la crosse de la main gauche, & laissant couler la main droite quatre doigts au-dessus de la batterie.

Au second temps, on achèvera de les porter.

TITRE XII.

Des manœuvres par rangs & par files.

ARTICLE PREMIER.

Pour former la compagnie.

Former la compagnie en trois manières.

LA compagnie étant en haie, & l'inspection faite, on la formera sur trois rangs, d'une des trois manières suivantes.

Former la compagnie sur la droite.

Sur *la droite*, sur *la gauche*, sur *le centre*, suivant le terrain, mais auparavant on partagera la compagnie en trois parties égales : celle de la droite devra former le premier rang, celle du centre le troisième rang, celle de la gauche le second rang ; & si on veut la former sur la droite, on commandera :

Voyez PLANCHE II. *fig. 1.re*

1. *A droite, formez la compagnie.*

2. *Marche.*

3. *Front.*

4. *Alignez-vous.*

Au premier commandement, les Soldats qui devront former le premier rang, ne bougeront pas ; ceux qui devront former les troisième & second rangs, feront

à droite

à droite avec l'homme-d'aile de la compagnie qui se fera avancé quatre pas.

Au second commandement , le premier rang fera trois pas en avant , en rassemblant du pied droit; le troisième rang marchera le *pas de flanc* droit devant lui , le second rang se jetant un peu à gauche , marchera de même par le *pas de flanc* pour se porter tous deux derrière le premier , & s'arrêter à mesure que la tête se trouvera derrière l'homme de la file droite du premier rang.

Au troisième commandement , les deux derniers rangs feront *face en tête* en un temps.

Au quatrième commandement , les Soldats s'aligneront dans les rangs , & les files sur le centre , les compagnies devant toujours s'aligner ainsi lorsqu'elles feront formées en haie , soit de pied-ferme ou en marchant , & on se servira des mêmes moyens pour s'aligner que dans le bataillon , le Capitaine marquera les deux sections , les Officiers , Fourriers & Sergens prendront leurs places prescrites pour être en bataille.

Pour former la compagnie en haie , lorsqu'elle sera sur trois rangs , le Capitaine fera les commandemens suivans :

1. *A gauche , bordez la haie.*
2. *Marche.*
3. *Halte.*
4. *Front.*
5. *Alignez-vous en avant (ou en arrière).*

Au premier commandement, les deux derniers rangs feront *à gauche ,* & le premier ne bougera pas.

Au second commandement , les deux derniers rangs marcheront le *pas de flanc ,* avec la différence que le troisième rang ne marchera que le *petit pas.*

Au troisième commandement , tous s'arrêteront.

Au quatrième commandement, ils feront *face en tête* en un temps.

Au cinquième commandement , le premier rang

V

marchera en arrière, ou les deux derniers en avant, suivant le terrain, pour s'aligner sur le centre.

Pour former la compagnie sur la gauche, on commandera :

1. *A gauche, formez la compagnie.*

2. *Marche.*

3. *Front.*

4. *Alignez-vous.*

Au premier commandement, les premier & troisième rangs feront *à gauche*, & le second ne bougera pas.

Au second commandement, le premier rang se jetant un peu *à droite*, viendra par le *pas de flanc* se placer devant le second rang, & le troisième se jetant un peu *à gauche*, se placera derrière le second rang.

Au troisième, ils feront *face en tête*.

Au quatrième, les trois rangs & les files s'aligneront.

Pour se remettre sur un rang, on commandera *à droite, bordez la haie*, & on l'exécutera par les mouvemens contraires à ce qui est dit ci-dessus pour se mettre *en haie à droite*.

Pour former la compagnie sur le centre, l'on commandera :

1. *Sur le centre, formez la compagnie.*

2. *Marche.*

3. *Front.*

4. *Alignez-vous.*

Au premier commandement, le premier rang fera *à gauche*; le second, *à droite*, & le troisième ne bougera pas.

Au deuxième commandement, le troisième rang fera trois pas en arrière, les deux autres marcheront le *pas de flanc*, pour venir se placer devant le troisième rang.

Au troisième commandement, les deux premiers rangs feront *face en tête*.

Au quatrième, on s'alignera.

Pour se remettre en haie, on commandera :

1. *A droite & à gauche, bordez la haie.*
2. *Marche.*
3. *Halte.*
4. *Front.*
5. *Alignez-vous en avant (ou en arrière).*

Au premier commandement, les deux premiers rangs feront, le premier *à droite*, & le second *à gauche*, le troisième ne bougera pas.

Au second commandement, les deux premiers rangs marcheront le *pas de flanc*.

Au troisième commandement, ils s'arrêteront.

Au quatrième commandement, ils feront *face en tête*.

Au cinquième commandement, ils s'aligneront ; si c'est en avant, les troisième & second rangs marcheront en avant ; si c'est en arrière, le premier & le second rang marcheront en arrière.

A R T. 2.

Ouvrir & serrer les rangs.

LORSQU'UN régiment sera en bataille sur trois rangs ferrés, & qu'on voudra le faire ouvrir en avant à deux ou quatre pas de distance, on commandera :

Ouvrir les rangs en avant.

1. *A deux (ou à quatre) pas de distance, ouvrez les rangs en avant.*
2. *Marche.*

Le premier commandement ne servira que d'avertissement.

Au deuxième commandement, le dernier rang ne bougera pas, le premier partira seul, marchant le *pas*

Titre XII.

ordinaire, & s'arrêtera après avoir fait quatre *(ou* huit*)* pas, le second rang partira au troisième *(ou* au cinquième*)* pas du premier rang, & s'arrêtera après avoir fait le nombre de pas prefcrits : le premier rang affemblera avec le pied gauche, fans frapper après avoir fait le quatrième *(ou* le huitième*)* pas, & le second rang affemblera de même & en même temps.

Si le régiment doit marcher enfuite, on commandera : *marche.*

Serrer les rangs en avant. Pour ferrer les rangs en avant, on commandera :

1. *Serrez les rangs en avant.*

2. *Marche.*

Le premier commandement ne fervira que d'avertiffement.

Au deuxième commandement, le premier rang ne bougera pas, & les deux derniers rangs marcheront en avant pour fe ferrer fur le premier.

Ouvrir les rangs en arrière. Pour faire ouvrir les rangs en arrière, on commandera :

1. *A quatre (ou à huit) pas de diflance, ouvrez les rangs en arrière.*

2. *Marche.*

Le premier commandement ne fervira que d'avertiffement.

Au deuxième commandement, le premier rang ne bougera pas, le fecond & le troifième rangs partiront feuls en marchant le pas en arrière, & ne s'arrêteront qu'après avoir fait, favoir, le fecond rang quatre *(ou* huit*)* pas, & le troifième rang huit *(ou* feize*)* pas, & affembleront de même du pied gauche, après le nombre de pas prefcrits.

Serrer les rangs en arrière. Pour ferrer les rangs en arrière, on commandera :

1. *Serrez les rangs en arrière.*

2. *Marche.*

Le premier commandement ne fervira que d'avertiffement.

Au

Au deuxième commandement, les deux premiers rangs fe ferreront fur le troifième en partant du pied gauche, & le troifième rang marquera le pas fur fon même alignement, pour s'aligner fur fon chef-de-file, & les trois rangs s'arrêteront enfemble fans frapper du pied.

Pour ouvrir les rangs en avant & en arrière en même temps, lorfque le terrain l'exigera.

Ouvrir les rangs en avant & en arrière.

Le fecond rang ne bougera pas; le premier rang marchera deux (*ou* quatre) pas en avant, & le troifième quatre (*ou* huit) pas en arrière.

Pour refferrer les rangs fur le centre, le fecond rang ne bougera pas, & le premier & le troifième rang marcheront en arrière & en avant.

Soit en ouvrant les rangs, foit en les ferrant en avant ou en arrière, tous les Officiers, les Fourriers & les Sergens tant de ferre-file qu'autres, feront toujours le mouvement de la troupe.

A r t. 3.

Doubler & dédoubler les files.

POUR augmenter la profondeur du bataillon en diminuant fon front, on le fera de trois façons fur le même alignement, favoir; par *la droite*, par *la gauche* & fur *le centre*.

Doubler & dédoubler les files.

Pour la première façon, par la droite, on commandera:

Doubler les files par la droite.

1. *A droite en arrière, doublez vos files.*

2. *Secondes fections, marche.*

Voyez PLANCHE 12, *fig. 1.re*

Le premier commandement ne fervira que d'avertiffement.

Au deuxième commandement, toutes les fecondes fections marcheront quatre pas en arrière.

Après ce mouvement, on commandera:

X

1. *A droite.*

2. *Marche.*

> Au premier commandement, tout le bataillon fera *à droite*, à l'exception de la compagnie de Grenadiers & de la première section du premier peloton.

> Au deuxième commandement, les secondes sections doubleront par le *pas de flanc* sur leur droite, sur les premières sections qui ne bougeront pas.

Dès que les secondes sections auront doublé sur les premières, on fera les commandemens suivans:

1. *Serrez les pelotons.*

2. *Marche.*

> Le premier commandement ne servira que d'avertissement.

> Au deuxième, tous les pelotons se serreront par le *pas de flanc* sans ouvrir les files jusqu'à la pointe de l'épée sur le premier peloton qui ne bougera pas, non plus que les Grenadiers.

A mesure que les pelotons arriveront sur la droite, le Commandant de chaque peloton fera les commandemens suivans :

1. *Halte.*

2. *Front, alignez-vous.*

> Au premier commandement, le peloton s'arrêtera.

> Au deuxième commandement, tout le peloton fera *face en tête* & s'alignera: les files étant doublées, les Grenadiers resteront toujours alignés au premier rang, quand bien même ce rang deviendroit le dernier.

Dédoubler les files.

Voyez Planche 12, *fig. 2.*

Pour dédoubler les files & rendre au bataillon le front qu'il avoit précédemment, on commandera:

1. *Dédoublez vos files.*

2. *A gauche.*

3. *Marche.*

Le premier commandement ne fervira que d'avertiffement.

Au deuxième commandement, tout le bataillon fera
à gauche, à l'exception des Grenadiers & de la première
fection de la droite.

Au troifième commandement, tout ce qui aura fait
à gauche, fe mettra en mouvement par le *pas de flanc*.

Dès que la file de la droite de la feconde fection du
premier peloton aura dépaffé la file gauche de la première
fection, l'Officier lui commandera :

1. *Halte, pour s'arrêter.*

2. *Front, pour faire face en tête.*

3. *Alignez-vous, pour marcher vivement en avant
   & s'aligner avec la première fection.*

En même temps que la feconde fection du premier
peloton fera *halte*, l'Officier de la première fection du
fecond peloton commandera à la fienne, *halte*, pour
s'arrêter, & *front*, pour faire *face en tête*, ce qui s'exécutera fucceffivement par toutes les fecondes & premières
fections, jufqu'à ce que tout le bataillon fe trouve fur
trois rangs.

Pour doubler les files par la gauche, on commandera : *Doubler les files
par la gauche.*

1. *A gauche, doublez vos files.*

2. *Secondes fections, marche.*

Voyez
PLANCHE 12,
fig. 3.

Le premier commandement ne fervira que d'avertiffement.

Au deuxième commandement, les fecondes fections
marcheront quatre pas en arrière.

Après ces mouvemens, on commandera :

1. *A gauche.*

2. *Marche.*

Au premier commandement, tout le bataillon fera
à gauche, à l'exception de la feconde fection du huitième peloton.

TITRE XII.

Au deuxième commandement, les premières sections doubleront par le *pas de flanc* sur leur gauche, sur les secondes sections qui ne bougeront pas, & les Grenadiers suivront la première section du premier peloton.

Dès que les premières sections auront doublé sur les secondes, on fera les commandemens suivans :

1. *Serrez les pelotons.*

2. *Marche.*

Le premier commandement ne servira que d'avertissement.

Au deuxième commandement, tous les pelotons & les Grenadiers se serreront par le *pas de flanc*, sans ouvrir les files, jusqu'à la pointe de l'épée sur le huitième peloton qui ne bougera pas.

A mesure que les pelotons arriveront sur la gauche, le Commandant du peloton fera les commandemens suivans :

1. *Halte.*

2. *Front, alignez-vous.*

Et à ces commandemens, tout le peloton fera *halte ; face en tête & s'alignera sur la gauche.*

Dédoubler les files.

Voyez **Planche 12,** *fig. 4.*

Pour dédoubler, on commandera :

1. *Dédoublez vos files.*

2. *A droite.*

3. *Marche.*

Le premier commandement ne servira que d'avertissement.

Au deuxième, tout le bataillon fera *à droite*, à l'exception de la seconde section du huitième peloton.

Au troisième commandement, tout ce qui aura fait *à droite* se mettra en mouvement par le *pas de flanc*, & dès que la file de la gauche de la première section du huitième peloton aura dépassé la file de la droite de sa seconde section, l'Officier lui commandera :

1. *Halte.*

1. *Halte, pour s'arrêter.*

2. *Front, pour faire face en tête.*

En même temps que la première section du huitième peloton fera *halte*, l'Officier de la seconde section du même peloton lui commandera *alignez-vous* pour marcher vivement en avant & s'aligner avec la première section.

En même temps que la première section du huitième peloton fera *halte*, l'Officier de la seconde section du septième peloton lui commandera de même *halte* pour s'arrêter, *front* pour faire *face en tête*, & *alignez-vous* pour marcher vivement en avant & s'aligner fur la gauche du bataillon; ce qui s'exécutera de même, fucceffivement par toutes les premières & fecondes fections, jufqu'à ce que tout le bataillon fe trouve fur trois rangs, & les Grenadiers feront *halte*, & *face en tête* en même temps que la première fection du premier pelotor.

Cette manœuvre fervira pour les colonnes de croite & de gauche, & quand on voudra marcher par fon flanc à fix de front, fans occuper plus de terrain que le front du bataillon fur trois de hauteur en bataille.

Pour marcher ainfi en colonne par le flanc, on doublera les files par la droite ou par la gauche, comme il eft prefcrit ci-deffus, mais au lieu de faire ferrer les divifions, on commandera :

1. *Prenez vos diftances.*

2. *Marche.*

Voyez
Planche 13.

Le premier commandement ne fervira que d'avertiffement.

Au deuxième commandement, tout le bataillon fe mettra en mouvement au pas ordinaire., en prenant un pas de diftance entre chaque file devenue rang, & on obfervera de ne pas alonger la colonne davantage; dans cette feule circonftance, les Grenadiers doubleront auffi leur filé & tout le bataillon fera *à droite* ou *à gauche* fuivant le côté fur lequel on voudra doubler.

Y

Pour se mettre en bataille lorsqu'on le jugera néces-faire, on commandera d'abord :

1. *Halte.*

2. *En avant & en arrière, serrez vos files.*

3. *Front.*

4. *Alignez-vous.*

Au premier commandement, tout le bataillon s'arrêtera.

Au deuxième, si on a marché par la droite, toutes les files des premières sections serreront au pas redoublé en avant, & toutes les files des secondes sections serreront vivement en arrière, & si on a marché par la gauche, les secondes sections serreront en avant & les premières en arrière.

Au troisième commandement, tout le bataillon fera *face en tête.*

Au quatrième commandement, les secondes sections marcheront vivement en avant pour s'aligner.

Pour doubler les files sur le centre, on commandera :

1. *A gauche & à droite sur le centre, doublez vos files.*

2. *Secondes sections, marche.*

Le premier commandement ne servira que d'aver-tissement.

Au deuxième commandement, toutes les secondes sections feront quatre pas en arrière.

Après ce mouvement, on commandera :

1. *A gauche & à droite.*

2. *Marche.*

Au premier commandement, les Grenadiers & le demi-bataillon de la droite feront *à gauche,* & le demi-bataillon de la gauche fera *à droite,* à l'exception de la seconde section du quatrième peloton & de la première du cinquième qui ne bougeront pas.

Au deuxième commandement, excepté les deux sections dénommées ci-dessus, toutes les sections qui doivent doubler se mettront en mouvement pour doubler sur leurs secondes & premières.

Dès que les premières sections des pelotons de la droite & les secondes sections des pelotons de la gauche, auront doublé, on fera les commandemens suivans :

1. *Serrez les pelotons.*

2. *Marche.*

> Le premier commandement ne servira que d'avertissement.

> Au second commandement, tous les pelotons se serreront à la pointe de l'épée par le *pas de flanc*, de gauche & de droite sur le centre.

A mesure que les pelotons arriveront sur le centre, le Commandant du peloton leur commandera :

Dédoubler les files.

1. *Halte.*

2. *Front, alignez-vous.*

> A ces commandemens, tout le peloton fera *halte*, *face en tête*, & s'alignera *sur le centre*.

Pour dédoubler les files, on commandera :

1. *Dédoublez vos files.*

2. *A droite & à gauche.*

3. *Marche.*

> Le premier commandement ne servira que d'avertissement.

> Au deuxième commandement, les Grenadiers & le demi-bataillon de la droite feront *à droite*, & le demi-bataillon de la gauche fera *à gauche*, à l'exception des deux sections du centre.

> Au troisième commandement, les deux mêmes sections ne bougeront pas, le reste du bataillon marchera vers les flancs par le *pas de flanc*.

Dès que la file gauche de la première section du quatrième peloton aura dépassé la file droite de la seconde section, & que la file droite de la seconde section du cinquième peloton aura dépassé la file gauche de sa première section, les Officiers de ces deux sections leur commanderont :

1. *Halte, pour s'arrêter.*

2. *Front, pour faire face en tête.*

3. *Alignez-vous, pour s'aligner sur le centre, & la seconde section du cinquième peloton se portera vivement en avant.*

L'Officier de la seconde section du quatrième peloton lui commandera en même temps, *alignez-vous*, pour se porter de même vivement en avant, & s'aligner sur la première section du cinquième peloton, ce qui s'exécutera de même & successivement par toutes les autres sections du bataillon, les Grenadiers s'arrêteront & feront *face* en même temps que la première section du premier peloton.

Les compagnies de Grenadiers qui seront placées à la gauche de leur bataillon, suivront dans les manœuvres ci-dessus les mouvemens de la seconde section du huitième peloton de leur bataillon.

Manière de border la haie étant en bataille sur trois rangs serrés ou ouverts. Voyez PLANCHE 14.

Art. 4.
Pour border la haie.

On commandera :

1. *Compagnies, bordez la haie.*

2. *A droite.*

3. *Marche.*

4. *Halte.*

5. *A gauche.*

Le premier commandement ne servira que d'avertissement.

Au

Au deuxième commandement, le Capitaine & les deux Sergens qui feront derrière lui ne bougeront pas, tout le reste de la compagnie fera *à droite.*

Au troisième commandement, le Capitaine, suivi de ses deux Sergens, marchera droit devant lui en avant, le premier rang suivra le premier Sergent, chaque Soldat faisant *à gauche* à mesure qu'il arrivera sur la place d'où le Capitaine sera parti ; le troisième rang suivra le premier, & le deuxième rang le troisième.

Au quatrième commandement, les compagnies étant en files, feront *halte,* & dans le même temps les Officiers, les Fourriers, les Sergens & les Tambours iront se placer à la tête de la compagnie.

Au cinquième commandement, toutes les compagnies feront *à gauche,* & s'aligneront.

Si l'on veut remettre ensuite les compagnies en bataille, on commandera :

Remettre ensuite les compagnies en bataille.

1. *Compagnies, reformez-vous en bataille.*

2. *A gauche.*

3. *Marche.*

4. *Front.*

5. *Alignez-vous.*

Le premier commandement ne servira que d'avertissement.

Au deuxième commandement, toutes les compagnies feront *à gauche.*

Au troisième commandement, toutes les compagnies marcheront pour se reformer en bataille sur le même terrain d'où elles seront parties, chaque rang reprenant sa place, ainsi que les Officiers, Fourriers & Sergens, & les Tambours iront se rassembler à la droite du bataillon.

Au quatrième commandement, toutes les compagnies feront *face en tête.*

Au cinquième commandement, le bataillon s'alignera *sur le centre.*

Z

Pour border la haie étant en colonne par compagnie, on commandera :

1. *En avant, bordez la haie.*

2. *Marche.*

3. *Halte, alignez-vous.*

Le premier commandement ne fervira que d'avertiffement.

Au deuxième commandement, le premier rang de chaque peloton marchera le *pas oblique à droite*, le deuxième marchera en même temps le *pas oblique à gauche*, & le troifième rang marchera le *petit pas devant lui* jufqu'à ce qu'il foit démafqué par les deux premiers rangs, après quoi il prendra le *pas ordinaire* pour remplir l'intervalle que lui auront laiffé le premier & le deuxième rang ; les Officiers, les Fourriers & les Sergens fe porteront à la droite de la compagnie ; & le Tambour-major enverra les Tambours à leur compagnie, lorfqu'il s'agira d'une revue, hors ce cas-là, les Officiers, Fourriers, Sergens & Tambours refteront à leur pofte.

Au troifième commandement, toutes les compagnies s'arrêteront & s'aligneront fur le centre.

Pour fe remettre en colonne, on commandera :

1. *En avant, formez la compagnie.*

2. *Marche.*

3. *Halte, alignez-vous.*

Le premier commandement ne fervira que d'avertiffement.

Au deuxième commandement, le premier rang marchera le *pas oblique à gauche*, le fecond rang le *pas oblique à droite*, & le troifième rang le *petit pas en avant* pour reprendre fa place.

Au troifième commandement, toutes les compagnies s'arrêteront & s'aligneront fur leur droite.

On peut auffi fe reformer, en faifant faire *à gauche* au premier rang, & *à droite* au fecond.

TITRE XIII.
Des Évolutions.

ARTICLE PREMIER.
Des conversions.

ON fera manœuvrer un régiment fur trois & fur fix rangs.

Le régiment étant en bataille à rangs ferrés, on lui fera faire des *quarts de converfion à droite & à gauche*, pour le rompre par fection, peloton, divifion & demi-bataillon, & très-rarement par bataillon ou régiment entier.

Toutes les fois qu'on les fera rompre, on les fera fe reformer par les mouvemens contraires.

Pour cet effet, on commandera :

I.

$$A \text{ droite ou à gauche,} \begin{cases} par\ régiment, \\ par\ bataillon, \\ par\ demi\text{-}bataillon, \\ par\ divifion, \\ par\ peloton, \\ par\ fection, \end{cases} rompez\ le\ régiment.$$

2.

Marche.

3.

Halte ou *en avant.*

Le premier commandement avertira du côté par lequel le régiment devra fe rompre & du nombre de divifions qu'il devra former en fe mettant en colonne, les Officiers & les Sergens de ferre-file fe rapprocheront en même temps du dernier rang.

Si le mouvement se fait *à droite*, toutes les têtes se porteront vivement *à gauche* à la fin du commandement, excepté celles de la file gauche de chaque division, & chaque Commandant de division se portera au pas redoublé à deux pas en avant du centre du premier rang de sa division ; toutes les fois qu'on se rompra *à droite*, le deuxième Sergent du huitième peloton, placé au troisième rang derrière le Capitaine, remplacera le Capitaine au premier rang, & reprendra sa place lorsque l'on se reformera en bataille.

Au deuxième commandement, toutes les divisions se mettront en mouvement à la fois (à moins que le contraire ne soit ordonné), faisant marcher leur gauche *ou* leur droite, & soutenir leur droite *ou* leur gauche pour faire leur *quart de conversion*.

Au troisième commandement, toutes les divisions s'arrêteront en frappant du pied, & tourneront vivement la tête à droite, ou marcheront en avant si on leur en fait le commandement, en s'alignant tout de suite.

Si l'on devoit se rompre par demi-bataillon, la compagnie de Grenadiers de la droite feroit son mouvement avec le premier demi-bataillon, & celle de la gauche avec son second demi-bataillon ; mais de quelqu'autre manière qu'on se rompe, les compagnies de Grenadiers formeront leurs divisions particulières, & elles en formeront plusieurs, si l'étendue de leur front surpassoit celle du front du reste des colonnes.

Les Tambours feront la conversion centrale en arrière pour se placer sur le flanc de la colonne de leur bataillon.

On fera marcher les régimens ainsi rompus, tant à rangs ouverts qu'à rangs serrés ; & lorsqu'on voudra les remettre en bataille, on commandera :

I.

Commandement pour reformer. *Voyez* Planche 15. *Figure 2.*

A gauche ou *à droite,* { *par régiment,* *par bataillon,* *par demi-bataillon,* *par division,* *par peloton,* *par section,* } *reformez le régiment.*

2. *Marche.*

2. *Marche.*
3. *Halte.*

Le premier commandement ne fervira que d'aver-tiffement.

Au deuxième commandement, on fera marcher les droites ou les gauches des divifions, tandis que les gauches ou les droites oppofées des mêmes divifions foutiendront pour fe remettre en bataille par un fecond *quart de converfion*, les Officiers reprendront en même temps leur pofte dans le rang, les ferre-files fe remettront à leur diftance ordinaire du dernier rang, & les Tambours à leur pofte par un fecond *quart de converfion centrale*, contraire au premier qu'ils auront fait.

Au troifième commandement, toutes les divifions s'arrêteront, tournant la tête à droite, & refteront immobiles; & fi on juge néceffaire de s'aligner, on en fera le commandement.

Si un régiment doit fe rompre par la droite pour marcher vers la gauche, ou par la gauche pour marcher vers la droite, les divifions partiront fucceffivement & marcheront d'abord devant elles; pour cet effet, on commandera :

Rompre par la droite pour marcher vers la gauche ou *par la gauche pour marcher vers la droite.*

1.

En avant, rompez à droite ou à gauche, { *par régiment, par bataillon, par demi-bataillon, par divifion, par peloton, par fection,* } *pour marcher vers la droite ou vers la gauche.*

Voyez Planche 16. *Figure 1.*

2. *Marche.*

Le premier commandement ne fervira que d'aver-tiffement.

Au deuxième commandement, la divifion de la droite ou de la gauche par laquelle on devra fe rompre, marchera en avant jufqu'à la diftance qui lui fera défignée, & fera enfuite *un quart de converfion à gauche* ou *à droite* pour paffer au pas ordinaire ou au pas redoublé devant le front du régiment.

Lorfque cette première divifion aura fait deux fois autant de pas que la divifion fuivante en occupera par l'étendue de fon front; celle-ci fe mettra en mouvement au commandement de fon plus ancien Officier, marchera en avant jufqu'à la même hauteur que la première divifion, & fera comme elle un *quart de converfion* pour prendre, *au pas ordinaire* ou *au pas redoublé,* rang après elle dans la colonne, & ainfi des autres divifions, chacune ayant la même attention de ne partir que lorfque la divifion qui devra la précéder, aura fait deux fois autant de chemin qu'elle occupera de terrain en bataille; de forte que fi elle a feize hommes de front, elle ne partira qu'au vingt-cinquième pas de la divifion qui la précèdera.

Si l'on doit marcher ainfi à rangs ouverts, le Commandant en avertira, & au commandement *Marche,* le premier rang de la première divifion partira feul, & les autres partiront fucceffivement au troifième ou au cinquième pas du rang qui les précèdera, comme il fera ordonné.

Toutes les fois qu'on devra marcher à rangs ouverts, le premier rang de chaque divifion obfervera, avant de partir, les diftances prefcrites entre les divifions au Titre *de la Marche,* en y ajoutant dans tous les cas un nombre de pas double de celui qu'occupera le front de la divifion.

Rompre par la droite ou par la gauche pour marcher en avant.

Voyez
PLANCHE 16.
Figure 2.

Lorfqu'un régiment devra fe rompre par la droite ou par la gauche pour marcher en avant, on commandera:

1.

En avant, rompez à droite ou à gauche, $\begin{cases} \textit{par régiment,} \\ \textit{par bataillon,} \\ \textit{par demi-bataillon,} \\ \textit{par divifion,} \\ \textit{par peloton,} \\ \textit{par fection,} \end{cases}$

2.

Marche.

Le premier commandement ne fervira que d'avertiffement.

Au deuxième commandement, la division de la droite *ou* de la gauche, par laquelle on devra fe rompre, *marchera en avant*, & toutes les autres divifions fe mettront en mouvement pour faire un *quart de converfion* par la droite *ou* par la gauche; fe porter enfuite fucceffivement fur le terrain d'où fera partie la première divifion, y faire un fecond *quart de converfion* par la gauche *ou* par la droite, & prendre rang après elle dans la colonne.

Dans le cas où le terrain ne permettroit pas de faire les converfions prefcrites ci-deffus en entier par la droite *ou* par la gauche, on les feroit par la droite & par la gauche fur le centre, de la manière fuivante:

Si c'eft *à droite*, la demi-divifion de la droite marchera le *pas en arrière*, & la demi-divifion de la gauche le *petit pas en avant;* fi c'eft *à gauche*, la droite marchera en avant & la gauche en arrière, regardant dans l'un & l'autre cas fur le centre, qui fervira de pivot; mais on ne fe fervira jamais de cette manœuvre que par peloton ou divifion au plus.

A R T. 2.

Des doublemens & dédoublemens de divifion

Si on veut augmenter fucceffivement le front d'un régiment qui marcheroit en colonne, on commandera:

1. *Prenez garde à vous, divifion, pour doubler.*
2. *Marche.*

Le premier commandement ne fervira que d'avertiffement.

Au deuxième commandement, toutes les divifions impaires ne marcheront que *le petit pas*, toutes les divifions paires marcheront *le pas oblique à gauche* jufqu'à ce qu'elles foient entièrement démafquées par les divifions impaires; après quoi, au commandement de leur plus ancien Officier, elles marcheront en avant pour aller fe joindre aux divifions impaires, & marcher enfuite avec elles au *pas ordinaire*.

On aura grande attention d'exécuter ces mouvemens avec autant de vivacité qu'il fera poffible, fans confufion,

Titre XIII.

Converfion
centrale
ou *par peloton.*

Doublement
de divifion.

Voyez
Planche 17.
Figures 1 & 2.

fans que les files s'ouvrent, que les armes ceffent d'être portées, & fans que les files & les rangs ceffent d'être alignés.

Si l'on veut enfuite dédoubler, on commandera:

1. *Prenez garde à vous, divifions, pour dédoubler.*
2. *Marche.*

Le premier commandement ne fervira que d'aver-tiffement.

Au deuxième commandement, les divifions impaires qui feront à la droite, continueront de marcher devant elles *le pas ordinaire,* & les divifions paires qui auront doublé fur la gauche, prendront *le petit pas,* & quand le troifième rang des divifions impaires les auront dépaffées, elles prendront *le pas oblique à droue* pour rentrer dans la colonne, & marcher en avant lorfque l'Officier leur commandera; mais elles ne reprendront *le pas ordinaire* que quand elles auront leurs diftances : les ferre-files, tant en doublant qu'en dédoublant, ferreront contre le troifième rang.

Cet ordre fera renverfé, foit pour doubler, foit pour dédoubler, dans les régimens qui marcheront par leur gauche.

Si, en marchant en colonne par divifion, on fait doubler par demi-bataillon, les compagnies de Grena-diers devront faire *à droite* ou *à gauche* pour marcher le *pas oblique,* & fe porter fur la droite ou fur la gauche de leur premier ou fecond demi-bataillon; après ce mouvement, celles qui précèderont dans la colonne leur premier demi-bataillon, attendront pour s'y joindre & marcher avec lui, qu'il foit arrivé a leur hauteur; les autres compagnies de Grenadiers iront auffi rejoindre leur demi-bataillon.

Si l'on fait dédoubler enfuite pour ne marcher que par divifion, les compagnies de Grenadiers qui devront, après ce mouvement, précéder la première divivion de leur bataillon, feront vivement trente pas en avant, &

(felon

(felon qu'on devra marcher par la droite ou par la gauche)
marcheront le *pas oblique*, jufqu'à ce qu'elles aient repris
leurs place & diftance ordinaires dans la colonne.

TITRE XIII.

Les compagnies de Grenadiers qui devront, après le
dédoublement, être précédées de la première ou dernière
divifion de leur bataillon, marcheront le *pas oblique* avec
la première ou la dernière divifion de leur bataillon,
jufqu'à ce qu'elle ait achevé de dédoubler, elles prendront
alors le *petit pas* jufqu'à ce que le troifième rang de
cette divifion ait dépaffé leur premier rang ; & continueront enfuite de marcher le *pas oblique* pour aller
reprendre leur place ordinaire, s'aligner dans la colonne
& fuivre leur bataillon.

On exercera auffi les régimens à doubler & dédoubler
les divifions fur les mêmes principes, en faifant marcher
le *petit pas oblique à droite* aux divifions impaires, &
le *pas ordinaire oblique à gauche*, aux divifions paires ;
quand elles fe feront démafquées, elles marcheront toutes
en avant fur le commandement de l'Officier de chacune
d'elles, jufqu'à ce qu'elles foient alignées ; on leur fera
enfuite le commandement néceffaire pour prendre
enfemble le pas ordinaire ; on dédoublera par les
mouvemens contraires, & de même lorfque l'on voudra
faire ce mouvement par la gauche.

*Doubler
& dédoubler
au centre.*

A R T.   3.

Des changemens de front.

*Changement
de front de droite
& de gauche.*

Voyez
PLANCHE 18.

Si on veut changer de front, on commandera :

I.

A droite
ou
à gauche.
{ *par demi-bataillon,*
par divifion,
par peloton,
par fection, }
{ *faites un demi-quart*
de converfion. }

B b

2. *Marche.*

3. *Halte.*

Le premier commandement ne fervira que d'aver-tiffement.

Au deuxième commandement, toutes les divifions fe mettront en mouvement à la fois pour faire le *demi-quart de converfion.*

Au troifième commandement, elles s'arrêteront dans quelque direction qu'elles fe trouvent.

Après ce mouvement, on commandera :

1. *A gauche (ou à droite), formez le bataillon.*

2. *Marche.*

Le premier commandement ne fervira que d'aver-tiffement.

Au deuxième commandement, la première divifion de la droite ou de la gauche du bataillon achèvera en tout ou en partie fon *quart de converfion,* felon la di-rection qu'on voudra donner au front du bataillon, & toutes les autres divifions fe mettront en mouvement à la fois pour aller fe former fur la gauche ou fur la droite par la direction la plus courte & la plus droite, & à mefure qu'elles arriveront fur le terrain, le Commandant de chaque divifion, commandera : *halte, alignez-vous,* & ira prendre fon pofte dans le rang : à mefure que les divifions arriveront & fe feront alignées fur la divifion de la droite ou de la gauche, elles pourront commencer les feux qu'on leur ordonnera.

Changement de front fur le centre, foit à droite ou à gauche. Voyez PLANCHE 19.

Si on veut changer de front fur le centre, on com-mandera :

1. *Demi-bataillon de la droite (ou de la gauche), demi-tour à droite.*

2. *Par divifion* ou *par peloton, faites un demi-quart de converfion.*

3. *Marche.*

4. *Halte.*

Au premier commandement, le demi-bataillon de la droite ou de la gauche fera *demi-tour à droite*.

Le second commandement ne fervira que d'avertiffement.

Au troifième commandement, toutes les divifions ou pelotons feront un *demi-quart de converfion*.

Au quatrième commandement, elles s'arrêteront.

Après ce mouvement, on commandera :

1. $\begin{Bmatrix} A\ gauche \\ ou \\ à\ droite, \end{Bmatrix}$ *formez le bataillon.*

2. *Marche.*

Le premier commandement ne fervira que d'avertiffement.

Au deuxième commandement, toutes les divifions ou pelotons fe mettront en mouvement, & celle du centre qui n'aura pas fait *demi-tour à droite*, achèvera fon *quart de converfion* fuivant la direction qu'on voudra donner au front du bataillon ; les divifions qui auront fait *demi-tour à droite* marcheront droit devant elles, & dès que leurs Commandans verront que leur premier rang devenu le troifième par le *demi-tour à droite*, fera aligné avec le premier rang de la divifion du centre qui aura achevé le *demi-quart de converfion*, ils commanderont fucceffivement *halte* pour s'arrêter, *front* pour faire légèrement *demi-tour à droite*, & *alignez-vous* pour s'aligner fur le centre, & les divifions qui n'auront pas fait *demi-tour à droite* iront fe former à la gauche de celle du centre comme il eft dit dans la manœuvre précédente.

TITRE XIV.
De l'Exercice à feu.

ARTICLE PREMIER.

Règles générales pour l'exécution des feux.

On observera le plus grand silence.

PENDANT l'exécution des feux, les troupes garderont le plus profond silence; les Officiers, les Fourriers & les Sergens porteront leurs armes, & ils auront continuellement les yeux sur leurs Soldats, sans leur parler pour les reprendre, ni quitter leur poste pour dresser les rangs.

Officiers doivent commander d'un ton fort & bref, & faire bien ajuster les Soldats.

Les Commandans des pelotons ou des autres divisions feront leurs commandemens d'un ton ferme & bref, & leurs divisions les exécuteront immédiatement après; mais les Officiers auront la plus grande attention de ne faire jamais le commandement *feu*, qu'après avoir examiné si le Soldat est ferme dans sa position & s'il ajuste bien.

Les files & les rangs doivent être serrés.

Les files & les rangs feront serrés dans l'exécution des feux; les files doivent l'être de sorte que les bras se touchent sans se gêner, mais les rangs auront un pied de distance entr'eux.

Défense de tirer la cartouche d'ailleurs que du porte-cartouche.

Il sera défendu aux Soldats de tirer leurs cartouches d'ailleurs que de leurs porte-cartouches; on punira sévèrement ceux qui ne feroient que semblant de charger leur fusil, ou qui jetteroient leurs cartouches.

On sera sur trois rangs quand on tirera en bataille.

Toutes les fois qu'un régiment devra tirer en bataille, il sera formé sur trois rangs; on l'exercera à tirer alors de pied-ferme par section, peloton, division & bataillon.

On chargera les armes avant de s'exercer au feu.

Les régimens chargeront leurs armes avant de commencer l'Exercice à feu, & pour cet effet, le Colonel,

le

le Lieutenant-colonel, le Major, & à leur défaut le plus ancien Officier de chaque bataillon, commandera :

Chargez vos armes.

Le Soldat qui doit alors *porter ses armes*, exécutera ce commandement en dix-neuf temps, comme il est prescrit à la suite du maniement des armes dans l'une des deux manières de *chargez vos armes*.

Lorsque le Soldat, en finissant l'Exercice du feu, aura été averti qu'il ne doit plus charger après avoir tiré, dès qu'il aura fait *feu* & qu'il se sera remis dans la position prescrite au huitième commandement du maniement des armes, il en exécutera seulement le neuvième & le treizième commandement ; après quoi il *portera les armes* en deux temps, au premier en prenant la position du quatrième temps du dix-huitième commandement du maniement des armes ; & au deuxième, en achevant de *porter les armes.*

Manière de charger réellement les armes.

Commandemens dont on se servira dans tous les feux.

Commandemens pour les feux.

I. *Section, peloton, division* ou *bataillon de droite* ou *de gauche.*

Ce commandement ne servira que d'avertissement, pour que tous les Soldats qui devront tirer, tournent la tête & regardent *à droite.*

2. *Apprêtez-vous.*

Le premier rang tournera le fusil de la main gauche très-vivement, le saisissant de la main droite pour poser la crosse ferme à terre, la main gauche l'empoignant à la capucine, en même temps qu'il mettra genou en terre, & armera étant en terre ; les deux derniers rangs feront en un temps très-brusquement *haut les armes,* armeront & placeront les pieds comme il est dit au sixième commandement du maniement des armes.

3. *En joue.*

Comme au septième commandement du maniement des armes.

C c

4. *Feu.*

Comme au huitième commandement du maniement des armes.

Après quoi, le Soldat rechargera son fufil comme il eft dit au commandement *armes plates.*

Les Officiers qui commanderont les divifions, pelotons ou fections, auront la plus grande attention que le premier rang tombe toujours brufquement à terre, & n'arme jamais que la croffe étant à terre; que les deux derniers rangs exécutent bien & exactement le mouvement des pieds pour l'emboîtement, & de mettre le plus qu'il eft poffible le même intervalle & le même ton à leur commandement.

On fera ceffer tous les feux par un roulement, & les Officiers commandant lefdits feux rentreront alors dans le rang, tout feu devant ceffer au mouvement du roulement; les Officiers feront *porter les armes* à leur divifion, quand bien même ils auroient commencé à faire les commandemens.

A R T. 2.

Feu de fection,
Voyez
Planche 20,
fig. 1.

De l'exécution des différens feux de pied-ferme.

Pour faire feu par fection, on commandera:

1. *Prenez garde à vous pour faire feu par fection.*

2. *Seconde fection du quatrième peloton, commencez le feu.*

Au premier commandement, le Commandant de chaque fection de Grenadiers ou de Fufiliers, fera un *pas en avant* & enfuite *à gauche*, à l'exception du Capitaine & du Sous-lieutenant du huitième peloton, & des deux Officiers des compagnies de Grenadiers qui feront à la gauche de leur bataillon qui feront *à droite* après avoir fait de même un *pas en avant.*

Au deuxième commandement, l'Officier de la feconde fection du quatrième peloton qui eft dans le centre, lui fera le commandement *fection*, & puis les autres commandemens quand cette fection apprêtera fes armes;

l'Officier de la deuxième section du cinquième peloton, lui fera le commandement *section*, lorsque la seconde section du quatrième peloton fera *en joue*; celle du troisième peloton, qui est à la droite, fera le commandement *section*; celle du sixième peloton, qui est à la gauche de sa première section, en fera de même quand cette dernière section fera *en joue*, & ainsi successivement des dernières sections des deuxième, septième, premier & huitième pelotons, & de celle des Grenadiers, auxquelles leurs Officiers feront de même le commandement *section*, lorsque les mêmes sections de leur gauche ou de leur droite vers le centre, feront *en joue*.

On fera tirer la première section de chaque peloton, & celle des Grenadiers; l'Officier de la première section du quatrième peloton, commandera : *section*, *apprêtez vos armes*, quand la seconde section de son peloton passera les armes du côté de l'épée, & ne commandera *en joue* que lorsqu'elle sera au dix-huitième temps pour *charger les armes :* toutes les autres premières sections se règleront de même sur leurs secondes sections.

S'il n'y a pas eu de roulement pendant le feu, l'Officier de la dernière section du quatrième peloton fera le commandement, *section* lorsque la première section de son peloton passera les armes du côté de l'épée & celui de *apprêtez vos armes*, & ne lui fera faire *en joue*, que lorsque sa première section sera prête à *porter les armes :* il en fera de même des secondes sections, qui ne se règleront dans cette deuxième décharge que sur leurs premières sections.

Pour faire *feu* par peloton, on commandera :

1. *Prenez garde à vous pour faire le feu par peloton.*

2. *Quatrième peloton, commencez le feu.*

Au premier commandement, le Capitaine de Grenadiers & le Commandant de chaque peloton feront un *pas en avant*, puis *à gauche*, à l'exception du Capitaine du huitième peloton & du Capitaine de Grenadiers de la gauche, qui feront *à droite* après avoir fait de même

TITRE XIV.

Feu de peloton.

Voyez
PLANCHE 20,
fig. 2.

un *pas en avant;* les Officiers des fecondes fections feront en même temps un *pas en arrière* pour s'aligner avec le deuxième rang, & les Sergens qui font dans les rangs derrière eux, feront auffi un *pas en arrière;* & dès que les feux cefferont, les Officiers & les Sergens rentreront à leur pofte, ce qui fe pratiquera de même dans tous les feux.

Au deuxième commandement, le feu commencera de même par le centre; l'Officier du quatrième peloton lui fera le commandement *peloton,* & enfuite tous les autres: Quand il lui fera faire *en joue,* l'Officier du cinquième peloton lui fera le commandement *peloton;* lorfque le quatrième peloton mettra le *chien en fon repos,* l'Officier du troifième peloton qui eft à la droite fera le commandement *peloton:* l'Officier du fixième peloton qui fera à la gauche du cinquième en fera de même quand ce dernier peloton mettra le *chien en fon repos,* ce qui fera répété fucceffivement par le fecond, le feptième, le premier & le huitième peloton, & enfin par la compagnie de Grenadiers, qui feront chacun le commandement *peloton,* lorfque le peloton qui eft immédiatement à côté d'eux vers le centre, mettra le *chien en fon repos.*

Le quatrième peloton recommencera ce même feu (à moins que le Commandant ne juge à propos de faire ceffer les feux) lorfque les Grenadiers auront fait *feu* & mettront le *chien en fon repos.*

Feu de divifion.

Voyez Planche 20, *figure* 2.

Pour faire *feu* par divifion, on commandera:

1. *Prenez garde à vous pour faire le feu de divifion.*

2. *Seconde divifion, commencez le feu.*

Au premier commandement, le plus ancien Officier de chaque divifion & les Capitaines de Grenadiers feront en même temps un *pas en avant,* puis *à gauche,* à l'exception des Capitaines de Grenadiers de la gauche & des Capitaines du fixième peloton de chaque bataillon, qui feront *à droite.*

Au deuxième commandement, l'Officier de la feconde divifion de chaque bataillon fera le commandement *divifion,* & enfuite tous les autres.

Un

Un temps après que la deuxième divifion aura fait *feu*, le Commandant de la troifième, commandera, *divifion*, la première, la quatrième divifion & les Grenadiers partiront de même fucceffivement un temps après que celle qui la précède aura fait *feu*, & la feconde divifion recommencera de même un temps après que les Grenadiers auront fait *feu*, jufqu'à ce que l'on ordonne de ceffer.

Pour faire *feu* par bataillon, l'Officier commandant le régiment, commandera :   *Feu de bataillon.*

1. *Prenez garde à vous, bataillon, pour faire le feu.*

Si c'eft un régiment de deux bataillons, le feu commencera par le premier bataillon, fi le régiment eft de trois, le fecond bataillon commencera, enfuite le premier & puis le troifième.

Si le régiment eft de quatre bataillons, le fecond commencera, il fera fuivi par le troifième, le premier & le quatrième ; on aura attention qu'il y ait toujours la moitié du régiment qui ait chargé avant de faire tirer un autre bataillon.

2. *Premier, fecond* ou *troifième bataillon, commencez le feu.*

Le premier commandement ne fervira que d'avertiffement.

Au deuxième commandement, le Commandant du régiment ou l'Officier-major de chaque bataillon fera les commandemens : fi l'on fait commander les feux par les Officiers-majors, ils iront derrière leur bataillon pour en faire le commandement.

Tous les feux de fection, de peloton, de divifion, & même de bataillon, s'exécuteront auffi en arrière ; & alors on commandera :

1. *Pour faire feu en arrière.*

2. *Demi-tour à droite.*

3. *Formez le bataillon.*

D d

Le premier commandement ne servira que d'avertissement.

Au deuxième commandement, tout le bataillon fera *demi - tour à droite*, à l'exception des Officiers & des Fourriers de serre-file.

Au troisième commandement, les Officiers du premier rang passeront au troisième, devenu le premier. Les Sergens qui étoient derrière eux les remplaçant, les Officiers & les Fourriers de serre-file passeront de même par les files des Officiers pour se placer en serre-file derrière le premier rang, devenu le dernier; & à l'avertissement, les Tambours iront légèrement sur la droite se placer derrière l'intervalle du bataillon.

Lorsqu'après cette manœuvre, on voudra remettre le bataillon, on commandera :

1. *Pour remettre le bataillon.*

2. *Demi-tour à droite.*

3. *Reformez le bataillon.*

Ces trois commandemens s'exécuteront comme ceux ci-dessus.

Feu par bataillon ou demi-bataillon en marchant en brigade ou en ligne.

Quand on voudra faire ce feu, on commandera, *prenez garde à vous, bataillon* pour faire le feu de bataillon *ou* demi-bataillon en avançant.

Second bataillon, marche.

Le premier commandement ne servira que d'avertissement.

Au second commandement, le second bataillon, si la brigade est de quatre bataillons, marchera sept pas redoublés en avant & s'arrêtera.

Ensuite l'Officier-major commandera :

Apprêtez vos armes.

A ce commandement, le premier rang tombera *genou en terre*, & tout le bataillon mettra *en joue* & fera *feu.*

Ce feu pourra aussi se faire par sections paires & impaires, & par demi-bataillon.

Les autres bataillons marcheront le *petit pas ;* & quand celui qui aura tiré aura rechargé fes armes & repris fon rang dans la brigade, on fera les mêmes commandemens aux troifième, premier & quatrième bataillons.

A R T. 3.
Feu de parapet.

POUR que ce feu fe faffe avec beaucoup de précifion & fans interruption, il faut que les troupes foient à fix de hauteur, qu'il y ait entre chaque divifion un intervalle à paffer facilement deux hommes.

Lorfque l'on voudra commencer ce feu, l'on fera avancer à portée de la banquette du parapet les troupes qui feront à fix de hauteur, dont le premier rang, au commandement, fera *haut les armes,* apprêtera fes armes, montera fur la banquette du parapet, fera *en joue,* tirera; puis retirant fon fufil dans la pofition de *haut les armes,* fera *à droite* & *à gauche,* ira paffer au *pas redoublé* par les intervalles qui fe trouvent à la droite & à la gauche de fon peloton, & en prendre la queue, chacun fe plaçant derrière fa même file pour recharger.

Les cinq autres rangs qui auront fait *haut les armes* en même temps que le premier, viendront fucceffivement au commandement de *marche* de leur Officier, remplacer le premier, faire leur *feu,* & s'en retourneront prendre leur place à la queue de leur peloton, dans le même ordre que le premier rang.

Ce feu peut être encore très-avantageux en fe retirant, & même de pied-ferme, parce que la troupe eft toujours dans fon entier.

Si c'eft en retraite, il fera néceffaire que les Officiers commandant les feux reculent d'un pas, à mefure que le rang qui aura tiré, *filera derrière le front,* pour être toujours à hauteur du rang qui devra faire *feu.* Les Officiers de l'État-major & ceux de ferre-file, indiqueront au premier rang, après qu'il fe fera retiré, le terrain où il devra fe remettre en bataille & y charger fes armes.

A R T. 4.

Du feu de chauffée.

POUR exercer un régiment au feu de chauffée, on commencera par le faire rompre par peloton ou autre divifion, fuivant la largeur des lieux par où il devra paffer, en obfervant qu'il refte au moins quatre pas de vide de chaque côté de la chauffée; on commandera enfuite :

1. *Prenez garde à vous pour faire le feu de chauffée.*

2. *Divifion de la tête de la colonne, commencez le feu.*

Le premier commandement ne fervira que d'avertiffement.

Au deuxième commandement, l'Officier de la divifion de la tête de la colonne lui fera les commandemens fuivans.

1. *Divifion ou peloton.*

2. *Apprêtez vos armes.*

3. *En joue.*

4. *Feu.*

5. *A droite & à gauche, quart de converfion.*

6. *Marche.*

7. *A droite & à gauche.*

8. *Marche.*

Les Soldats de cette première divifion exécuteront à l'ordinaire les quatre premiers commandemens, avec cette différence qu'après avoir fait *feu*, ils reviendront dans la pofition de *haut les armes*.

Le cinquième commandement ne fervira que d'avertiffement.

Au fixième commandement, la divifion fe partagera en deux parties : fi l'on fuppofe, par exemple, que cette divifion ne foit qu'un peloton, la fection de la droite

fera

fera un *quart de converſion à droite*, & la ſection de la gauche en fera un *à gauche*; ces deux ſections marcheront enſuite vivement quatre pas devant elles pour démaſquer la diviſion ſuivante, & les ſerre-files ſe ſerreront entièrement ſur le troiſième rang.

Au ſeptième commandement, la ſection de la droite fera *à droite*, & celle de la gauche fera *à gauche*.

Au huitième commandement, ces deux ſections marcheront par le flanc, portant pour lors leurs armes pour longer les flancs de la colonne, & aller ſe rejoindre à la queue en faiſant d'abord *à droite* & *à gauche*, puis faiſant *deux pas en avant*, & enſuite un *quart de converſion à gauche* & *à droite* pour ſe réunir, elles ſe remettront enfin *face en tête* par un *demi-tour à droite*, après quoi elles rechargeront leurs armes ſur le commandement que l'Officier leur en fera.

Les autres diviſions répèteront ſucceſſivement la même manœuvre.

Pour faire le *feu de rang* par les deux premiers rangs, *Feu de rang.* on commandera à tout le bataillon :

1. *Pour faire le feu de deux rangs.*
2. *Haut les armes.*
3. *Les deux premiers rangs, faites feu.*

Le premier commandement ne ſervira que d'avertiſſement.

Au deuxième commandement, les trois rangs du bataillon feront *haut les armes* & armeront leur fuſil; les trois rangs prenant la poſition preſcrite au deuxième rang pour tirer, & le premier ne mettra pas *genou à terre*.

Au troiſième commandement, le deuxième rang commencera à tirer par les ailes de chaque peloton; auſſitôt qu'il aura tiré, chaque homme de ce deuxième rang paſſera, avec la main droite, ſon fuſil à l'homme qui ſera derrière lui, qui le prendra de la main gauche, & celui-ci donnera en même temps le ſien, de la main droite, au Soldat du deuxième rang qui le recevra de même de la main gauche ; le ſecond rang tirera avec le fuſil de l'homme du troiſième rang, le chargera après & tirera un ſecond coup avec le même fuſil, qu'il repaſſera tout de ſuite au troiſième rang pour reprendre le ſien qui

E e

aura été chargé par l'homme du troifième rang, & continuera ainfi à tirer toujours deux coups avec le même fufil, à l'exception de la première fois ; après le deuxième commandement, le premier rang ne commencera à tirer qu'après que le deuxième rang aura tiré fon deuxième coup ; ce feu du premier rang commencera par les ailes droite & gauche de chaque peloton, & chaque Soldat comptera depuis un jufqu'à fix, après que l'homme qui fera à côté de lui aura tiré avant que de le faire lui-même ; le premier rang chargera toujours lui-même fon fufil & retirera auffitôt.

Pour faire diminuer ce feu, on fera faire un roulement par tous les Tambours du bataillon, & à ce roulement le premier rang portera fes armes après avoir chargé, & quand on voudra le faire ceffer tout-à-fait, on fera faire un deuxième roulement, auquel roulement le deuxième rang portera de même fes armes, ainfi que le troifième après avoir chargé.

Quand on ne voudra faire tirer qu'un rang, on commandera :

1. *Pour faire le feu du deuxième rang.*
2. *Les deux derniers rangs, haut les armes.*
3. *Second rang, tirez.*

Le premier commandement ne fervira que d'avertiffement.

Au deuxième commandement, les deux derniers rangs feront *haut les armes* & armeront, le premier rang portant toujours les armes.

Au troifième commandement, le deuxième rang commencera à tirer comme il eft prefcrit ci-deffus.

Alors on ne fera faire qu'un feul roulement pour faire ceffer ce feu.

On peut auffi fe fervir de ce dernier feu du deuxième rang en marchant, obfervant de prendre le *petit pas* au moment où on le fera commencer.

TITRE XV.
De la Colonne.

ARTICLE PREMIER.
Observations générales.

ON exercera les régimens à former deux espèces de colonnes, savoir, la *colonne d'attaque* & celle *de retraite*.

Deux sortes de colonnes.

Il suffira, pour former les colonnes, que les bataillons soient sur trois rangs, & que les files & demi-sections aient été égalisées autant qu'il est possible dans le moment de l'arrivée des compagnies au lieu indiqué pour l'assemblée de leur bataillon.

On restera sur trois rangs avant de commencer à les former.

Chacune des colonnes d'attaque ou de retraite ne sera composée que d'un bataillon, ou tout au plus de deux bataillons, & jamais d'un plus grand nombre; c'est d'après ce principe que les régimens devront se régler sur le nombre de colonnes qu'ils auront à former selon les circonstances.

Nombre de troupes des colonnes.

ART. 2.
De la colonne d'attaque.

SI la colonne d'attaque doit être composée de deux bataillons, son front sera de deux pelotons, & sa profondeur de huit, & elle aura le même nombre de sections de front & de profondeur si elle est d'un bataillon.

Nombre de sections de front & de profondeur des colonnes d'attaque.

COMMANDEMENS
POUR FORMER LA COLONNE D'ATTAQUE.

I.

Pour former la colonne d'attaque par un ou deux bataillons.

Commandemens pour former la colonne d'attaque.

2.

A gauche & à droite, par section ou par peloton, faites un quart de conversion.

*Manière de
former la colonne.*

Voyez
PLANCHE 22.

3.

Marche.

Les deux premiers commandemens ne serviront que d'avertissement

Au troisième commandement, si la colonne doit être de deux bataillons, celui de la droite se rompra *à gauche*, & celui de la gauche *à droite*, à l'exception de la première compagnie de Grenadiers qui sera à la droite des deux bataillons, qui fera un *demi - quart de conversion à gauche*, & les deux pelotons du centre marcheront vivement & obliquement six ou huit pas en avant, pour former la tête de la colonne.

Voyez
PLANCHE 23.

Si elle ne doit être que d'un bataillon, les deux sections du centre marcheront de même six ou huit pas en avant pour former la tête de la colonne, toutes les autres se rompront à gauche & à droite, & la compagnie de Grenadiers ne fera qu'un *demi-quart de conversion à gauche* ; à la fin de ces mouvemens, toute la troupe s'arrêtera, & on commandera :

1.

Formez la colonne.

2.

Marche.

Le premier commandement ne servira que d'avertissement.

Au deuxième commandement, si la colonne est de deux bataillons, tout le monde se mettra en mouvement ; la compagnie de Grenadiers de la droite marchera vivement en avant vers le centre, pour prendre la tête de la colonne, & ensuite marcher droit devant elle.

Les pelotons du bataillon de la droite feront un *quart de conversion à gauche*, & ceux du bataillon de la gauche un *quart de conversion à droite*, à mesure qu'ils arriveront à portée du terrain qu'occupoient les deux pelotons du centre pour former la colonne, & la compagnie de Grenadiers du bataillon de la gauche suivra le mouvement du dernier peloton pour se mettre à la queue de la colonne : si la colonne n'est que d'un bataillon, les

deux

deux fections du centre fe porteront en avant, la colonne fe formant de même.

Les Tambours fuivront les mêmes mouvemens que leur bataillon pour fe placer à la queue de la colonne, d'où il fera détaché deux Tambours pour aller fe mettre l'un fur le flanc droit de la colonne, & l'autre fur le flanc gauche à hauteur du premier rang.

TITRE XV.

Place
des Tambours
dans la colonne.

Les Officiers fupérieurs & ceux de l'État-major, fe placeront de la manière fuivante, tous les autres reftant à leur place ordinaire dans une colonne de deux bataillons : le Colonel à la tête de la colonne ; le Lieutenant-colonel fur le flanc gauche au centre ; le Major, fur le flanc droit fur l'alignement du premier rang de la colonne ; chaque Aide-major & chaque Sous-aide-major, fur le flanc de la colonne, à hauteur du troifième & du quatrième peloton de fon bataillon, pour fe porter de-là par-tout où befoin fera.

Place
des Officiers
fupérieurs & de
ceux de l'État-
major dans la
colonne.
Voyez
PLANCHE 24,
fig. 1.

Dans celle d'un bataillon, le Colonel ou le Lieutenant-colonel, à la tête de la colonne de la droite ; le Major, fur le flanc gauche de la colonne de la droite, s'il y en a deux : l'Aide-major, fur le flanc droit ou gauche, à hauteur du premier rang ; le Sous-aide-major, fur l'autre flanc, à hauteur du quatrième peloton.

Dans une colonne compofée d'un régiment d'un feul bataillon, le Colonel fe placera à la tête de la colonne ; le Lieutenant-colonel, au centre du flanc gauche ; le Major, fur la droite du premier rang ; l'Aide-major, fur le flanc gauche, à hauteur du quatrième peloton ; le Sous-aide-major, fur le flanc droit, à hauteur du troifième peloton de la colonne.

Voyez
PLANCHE 24,
fig. 2.

Que la colonne foit de deux bataillons ou d'un bataillon, les Porte-drapeaux & les Sergens de leur garde, refteront à leur place ordinaire.

Cette colonne fe formera au *pas ordinaire* ou *redoublé*, les divifions ferrées ou non, comme on le jugera à propos ; fi les divifions doivent être ferrées, elles

Voyez
PLANCHE 25.

F f

garderont entr'elles deux pas de diftance, les Officiers qui feront à la tête des divifions & les ferre-files, ne formant qu'un rang; fi la colonne ne doit pas être ferrée, les divifions garderont entr'elles la diftance néceffaire pour fe mettre en bataille, foit par peloton ou par fection, felon qu'elle aura été formée. Si on avoit befoin de détacher quelques troupes de la colonne, on les prendra de la queue.

Manière dont doit marcher la colonne.

Toutes les fois que le commandement *marche* ne fera précédé d'aucun avertiffement, la colonne marchera en tête le *pas ordinaire*, & les Tambours battront *aux champs*, elle marchera au *pas redoublé* fi on lui en fait le commandement, & ne fera *haut les armes*, que pour charger à l'arme blanche, & alors toutes les divifions alongeront le pas pour fe ferrer fur la première.

La colonne ayant marché *haut les armes*, & les divifions étant ferrées, fi on veut l'arrêter, on commandera *halte*; alors les Tambours cefferont de battre, les Soldats *porteront les armes*, s'arrêteront & s'aligneront.

Pour faire marcher la colonne vers la droite ou vers la gauche, on commandera *à droite* ou *à gauche;* les Soldats feront *face* au côté qui fera défigné, on commandera enfuite *marche*.

Pour faire marcher la colonne vers la queue, on commandera *demi-tour à droite*, puis *marche*, & les Tambours battront *la retraite*.

De quelque côté que la colonne ait marché, elle fera toujours *face en tête* quand elle s'arrêtera, à moins que le contraire ne foit ordonné. Si on fait à la colonne, lorfqu'elle fera ferrée, le commandement *face des quatre côtés*, les Grenadiers de la tête refteront *face en tête*, tout le flanc droit de la colonne fera *à droite*, tout le flanc gauche *à gauche*, & la compagnie de Grenadiers de la queue, ou la divifion de la queue *demi-tour à droite*. Dans ce feul cas, les Officiers & les Sergens qui fe trouveront dans le flanc droit, iront fe placer derrière leur peloton ou section dans le rang de leur serre-file, à l'exception du Commandant de chaque section qui se mettra dans le premier rang.

Titre XV.

Pour ouvrir la colonne, soit que les divisions soient ferrées ou non, en marche, ou de pied-ferme, on commandera :

Ouvrir la colonne.

1.

Ouvrez la colonne.

Voyez PLANCHE 26.

2.

Marche.

Le premier commandement ne servira que d'avertissement.

Au deuxième commandement, si elle est en marche, la compagnie de Grenadiers de la tête prendra le *petit pas*, & si c'est de pied-ferme, elle fera deux *pas en avant :* les divisions du flanc droit marcheront le *pas oblique à droite*, sans se ferrer ni s'ouvrir davantage ; les divisions du flanc gauche marcheront le *pas oblique à gauche*, conservant de même leur distance jusqu'à ce que la première division de chaque flanc se trouve alignée & appuyée à la droite & à la gauche de la compagnie de Grenadiers de la tête de la colonne, & celle de la queue entrera dans l'intervalle que les deux dernières divisions de la colonne auront laissé entre elles pour s'aligner avec elles : les Tambours entreront sur une seule file dans le vide de la colonne.

Cette manœuvre ne peut se faire qu'avec une colonne de deux bataillons.

Si dans cette position, la colonne est ferrée, & qu'on veuille lui faire faire *face des quatre côtés*, on le fera de la manière prescrite ci-dessus.

Si on veut lui faire faire *face des quatre côtés* dans cette position, n'étant pas ferrée, on lui fera faire *halte*, & on lui fera les commandemens suivans :

1.

Par peloton, à droite & à gauche sur le centre, faites un quart de conversion.

2.

Marche.

3.

Halte, alignez-vous.

Le premier commandement ne fervira que d'avertiffement.

Au deuxième commandement, la compagnie de
Grenadiers & les deux pelotons qui feront la tête de la
colonne avec elle ne bougeront pas. Les pelotons du
flanc droit feront *un quart de converfion fur le centre à droite,*
les pelotons du flanc gauche, feront *un quart de converfion
fur le centre à gauche,* & la compagnie de Grenadiers de
la queue de la colonne, ainfi que les deux pelotons,
feront *un demi-tour à droite.*

Au troifième commandement, on s'arrêtera, & les deux
flancs s'aligneront fur les files extérieures des pelotons
de tête & de queue; les Officiers fe placeront dans les
rangs.

Si dans cette pofition, on veut faire *feu,* on pourra
exécuter le *feu de fection,* de *peloton* ou de *rang;* dans le *feu
de rang,* le premier rang pourra fraifer, & le fecond tirera.

Si la colonne eft ferrée, & qu'on veuille faire *feu,* la
tête & la queue de la colonne feront le *feu de rang,* & les
deux flancs celui *de parapet,* prefcrit dans l'article des
feux, avec la différence qu'on le fera par file dans chaque
peloton, au lieu de le faire par rang, & que les files,
après avoir tiré, s'en iront par la droite, au lieu de s'en
aller par la droite & par la gauche, & tous les premiers
rangs ou files extérieures fraiferont.

Pour remettre la colonne étant ferrée, lorfqu'elle aura
fait *face aux quatre côtés,* on commandera:

1.

Face en tête.

2.

Fermez la colonne.

3.

Marche.

4. *Halte.*

4.
Halte.

Au premier commandement, tout le monde fera *face* du côté de la tête de la colonne.

Le deuxième commandement ne fervira que d'aver-tiffement.

Au troifième commandement, la compagnie de Grenadiers de la tête, fera vivement quatre pas *en avant*, & prendra enfuite le même pas que la colonne; la compagnie de Grenadiers de la queue ne bougera pas; les pelotons du flanc droit feront *le pas oblique à gauche*, & ceux du flanc gauche, *le pas oblique à droite* pour fe rejoindre derrière la compagnie de Grenadiers de la tête, les Tambours fileront comme ils l'auront fait pour entrer dans la colonne, & iront reprendre leur pofte, & la compagnie de Grenadiers de la queue ne marchera que lorfque les deux pelotons qu'elle avoit fur fa droite & fur fa gauche l'auront dépaffée.

Au quatrième commandement, tout le monde s'arrêtera.

Si après avoir fait ouvrir la colonne, les divifions n'étant point ferrées, & qu'on lui ait fait faire *face des quatre côtés,* on veut la faire marcher ou reformer, on lui commandera:

Voyez Planche 28.

1.

Par peloton à gauche & à droite fur le centre, faites un quart de converfion.

2.
Marche.

3.
Halte.

Le premier commandement ne fervira que d'aver-tiffement.

Au deuxième commandement, les Grenadiers & les pelotons de la tête de la colonne ne bougeront pas; les Grenadiers & les deux pelotons de la queue feront *demi-tour à droite* ; les pelotons du flanc droit feront

G g

un quart de conversion fur le centre *à gauche*, & ceux du flanc gauche le feront fur le centre *à droite*.

Au troifième commandement, tout le monde s'arrêtera & s'alignera fur la tête de la colonne.

Si dans cette pofition, on veut fermer la colonne, on l'exécutera comme il eft prefcrit ci-deffus, obfervant bien fes diftances dans l'un & l'autre cas.

Quand on voudra faire des colonnes, des ailes de droite & de gauche par bataillon, on les fera *à droite* par les mêmes mouvemens prefcrits au fecond bataillon dans les colonnes de deux bataillons, & quand ce fera par l'aile gauche, on les fera de même.

Seconde façon de former cette colonne.

Voyez PLANCHE 29.

On pourra encore former cette colonne *d'attaque* de la manière fuivante; pour cet effet, on fera les mêmes commandemens & on les exécutera de même, à l'exception qu'on ne fera faire qu'un *demi-quart de converfion*, au lieu du *quart de converfion*, aux pelotons ou fections qui devront la former, & qu'au commandement de *marche*, pour la former, les pelotons ou fections marcheront droit devant eux dans la direction où ils fe trouveront après le *demi - quart de converfion*, pour prendre leurs place & diftance dans la colonne, foit qu'elle fe forme par *le centre*, par *la droite* ou par *la gauche*.

La remettre en bataille.

Quand on voudra rompre la colonne *d'attaque* & fe mettre en bataille, on pourra le faire des deux manières fuivantes :

PREMIÈRE MANIÈRE.

Les divifions étant ferrées, on commandera :

Commandemens pour rompre la colonne d'attaque toutes les fois qu'elle eft ferrée.

Voyez PLANCHE 30.

1.

Rompez la colonne d'attaque.

2.

A droite & à gauche.

3.

Marche.

Le premier commandement ne fervira que d'avertiffement.

Au deuxième commandement, le bataillon de la droite
fera *à droite*, celui de la gauche fera *à gauche*.

Au troifième commandement, les deux bataillons fe
mettront en marche par leur flanc dès que le huitième
peloton du premier bataillon & le premier du fecond
auront laiffé l'intervalle prefcrit d'un bataillon à l'autre :
les Commandans des deux pelotons leur commanderont
halte pour s'arrêter, *front* pour faire *face en tête*, &
alignez-vous pour marcher *en avant* & s'aligner entr'eux :
la compagnie de Grenadiers fera *à droite* & marchera
vivement en même temps que le bataillon de la droite
pour reprendre fon pofte à la droite; & quand elle aura
dépaffé le premier peloton, elle fera *halte, front* & s'alignera avec les bataillons par *le pas en arrière ;* tous les
autres pelotons, la feconde compagnie de Grenadiers &
les Tambours fuivront les mouvemens de leurs bataillons
qui auront toujours marché, ayant attention de fe jeter un
peu obliquement, le bataillon de la droite fur la gauche,
& celui de la gauche fur la droite & fur le terrain où
devront fe mettre fucceffivement en bataille tous les
pelotons, afin de remplir l'intervalle qu'ils auront laiffé
après avoir fait les commandemens prefcrits ci-deffus,
& marché à hauteur des premiers pelotons, de manière
que tous les pelotons des deux bataillons foient toujours
ferrés les uns contre les autres, fans laiffer jamais aucun
efpace entr'eux.

La colonne d'un bataillon fe rompra dans le même
ordre, en obfervant que les fections du centre qui feront
derrière la compagnie de Grenadiers ne devront pas
bouger.

SECONDE MANIÈRE.

Les divifions ayant leur diftance dans la colonne :

<table>
<tr><td>

I.

Rompez la colonne.

2.

Par peloton ou par fection, faites un demi-quart de converfion.

</td><td>

*Commandemens
pour rompre
la colonne
d'attaque
quand elle
n'eft pas ferrée.*

Voyez
PLANCHE 31.

</td></tr>
</table>

3.
Marche.

4.
Halte.

Le premier & le deuxième commandement ne serviront que d'avertissement.

Au troisième commandement, tous les pelotons de la
droite feront *un demi-quart de converfion à droite*, tous les
pelotons du bataillon de la gauche feront *un demi-quart
de converfion à gauche*, ainfi que la feconde compagnie
de Grenadiers, & la première compagnie de Grenadiers
fera *à droite*.

Au quatrième commandement, tout le monde s'arrêtera.

Après ces mouvemens, on commandera;

1.
Formez-vous en bataille.

2.
Marche.

Le premier commandement ne fervira que d'avertissement.

Au deuxième commandement, tous les pelotons & les
deux compagnies de Grenadiers fe mettront en marche
pour fuivre exactement la direction où ils feront *face*
pour aller fe former fur la droite & fur la gauche des
deux pelotons du centre, qui ne bougeront pas, & à
mefure qu'elles arriveront fur le terrain, le Commandant
de chaque peloton ou fection, commandera *halte* &
alignez-vous, & ira prendre fon pofte dans le rang;
l'Officier du huitième peloton du premier bataillon aura
de même attention de laiffer l'intervalle prefcrit entre lui
& le premier peloton du fecond bataillon fur lequel les
deux bataillons devront s'aligner.

On rompra auffi de la même manière la colonne d'un
bataillon, excepté que les deux fections du centre ne
bougeront pas: pour rompre les colonnes des ailes, on
fe fervira des mouvemens prefcrits ci-deffus.

ART. 3.

ART. 3.
De la colonne de retraite.

LE front de cette colonne & fa profondeur, feront les mêmes que celles de la colonne d'*attaque.*

COMMANDEMENS
POUR FORMER LA COLONNE DE RETRAITE.

I.

Pour former la colonne de retraite par deux bataillons ou un bataillon.

2.

Pelotons ou *fections des ailes, commencez le mouvement.*

3.
Marche.

Les deux premiers commandemens né ferviront que d'avertiffement.

Au troifième commandement, fi la colonne doit être de deux bataillons., le premier peloton du premier ba- taillon & le huitième peloton du fecond bataillon feront fix pas en arrière, après quoi ces deux pelotons feront, au commandement de leurs Officiers, *à gauche & à droite* pour fe faire *face* réciproquement, & marcher enfuite au *pas de flanc* en longeant derrière les bataillons jufqu'au centre, où ils fe réuniront, puis feront un feconc *à gauche & à droite,* pour marcher enfuite fur les derrières, & former la tête de la colonne.

Lorfque ces deux pelotons commenceront, en lon- geant derrière, à dépaffer le fecond & le feptième pe- loton, l'Officier de ces deuxième & feptième pelotons leur fera les commandemens pour marcher de même fix pas en arrière, faire enfuite *à gauche & à droite,* marcher vers le centre, s'y réunir avec le peloton de l'autre bataillon, pour faire une feconde fois *à gauche & à droite,* & marcher fur les derrières pour y prendre rang dans la colonne, ce qui fera répété fucceffivement par

H h

tous les autres pelotons des deux bataillons : à mesure que les pelotons des bataillons se retireront, les compagnies de Grenadiers feront *à gauche & à droite* pour venir appuyer aux pelotons qui n'auront pas encore commencé leur mouvement, & elles s'y remettront chaque fois *face en tête;* lorsque la colonne sera, entièrement formée, elles feront *demi-tour à droite* en même temps & ensemble, pour aller prendre au plus vite le même poste qui leur est fixé dans la colonne *d'attaque.*

Les Tambours feront *à gauche & à droite* en même temps que le premier & le huitième peloton pour aller se réunir derrière le centre des deux bataillons, & y faire une seconde fois *à gauche & à droite,* & précéder immédiatement cette première division dans la colonne.

On formera aussi de la même manière la colonne d'un bataillon, mais seulement par section, & avec la différence que les deux sections du centre & les Tambours n'auront qu'un *demi-tour à droite* à faire pour précéder la colonne.

Officiers, Fourriers & Sergens placés comme dans la colonne d'attaque.

Les Officiers, les Fourriers, les Sergens & les Tambours occuperont dans cette colonne de *retraite* les mêmes postes que dans les colonnes d'*attaque:* les divisions y prendront entr'elles les mêmes distances, & elles seront susceptibles des mêmes manœuvres & des mêmes marches; un Officier-major les conduira.

Colonne de retraite susceptible des mêmes divisions & des mêmes manœuvres que les colonnes d'attaque.

Commandemens pour rompre la colonne de retraite.

Lorsqu'on voudra rompre la colonne de *retraite* & se remettre en bataille, on fera serrer les divisions, si elles ne le font pas déjà, sur celle qui en aura la tête, & on fera les commandemens suivans :

I.

Rompez la colonne de retraite.

2.

A gauche & à droite.

3.

Marche.

Le premier commandement ne fervira que d'avertiffement.

Au deuxième commandement, fi la colonne eft de
deux bataillons, la compagnie de Grenadiers du fecond
bataillon fera *à droite* ; mais dans une colonne d'un
bataillon, la première fection du premier pelcton & la
feconde fection du huitième peloton feront *à gauche* &
à droite.

Au troifième commandement, la feconde compagnie
de Grenadiers qui aura fait *à droite*, marchera vers le
flanc gauche, & toutes les divifions continueront de
marcher devant elles pour fe porter fucceffivement fur
le lieu où étoit cette compagnie de Grenadiers, y faire
à gauche ou *à droite* au commandement de leurs Officiers & marcher vers les flancs, & dès que les deux
pelotons du centre y feront arrivés, ils feront *demi-tour
à droite* & prendront la diftance néceffaire pour que les
deux bataillons puiffent être en bataille ; les Grenadiers
& les pelotons feront *face en tête* & s'aligneront fucceffivement,
& la compagnie de Grenadiers du premier
bataillon & les Tambours feront un *à gauche* pour aller
reprendre leur terrain & leur place.

Si la colonne n'étoit que d'un bataillon, les deux
fections du centre feront *demi-tour à droite.*

Dans le cas où il feroit néceffaire de fe mettre en
bataille en avant, on rompra la colonne de *retraite* de
la même manière que la colonne d'*attaque*, avec cette
feule différence qu'on commencera par lui faire faire
demi-tour à droite, pour la remettre *face en tête*.

TITRE XV.

*Manière
d'exécuter ces
commandemens.*

Voyez
PLANCHE 33.

*Rompre la colonne
de retraite
comme
celle d'attaque
après lui avoir
fait faire
demi-tour à droite.*

TITRE XVI.

Du passage d'un défilé en présence de l'Ennemi.

Deux espèces de passage. LE passage d'un défilé peut être de deux espèces: l'une *en avant*, l'autre *en arrière*. Ce défilé peut être une gorge de montagnes escarpées de toutes parts, un chemin dans un bois ou dans un marais d'une grande étendue, par-tout ailleurs impraticable, &c. ou ce défilé n'est qu'un pont sur quelque ruisseau, un passage à travers un marais peu considérable, & où l'on reste en vue après l'avoir passé.

ARTICLE PREMIER.

Du passage d'un défilé en avant.

Passage en avant. POUR le passage du défilé *en avant*, on se servira dans tous les cas de la colonne d'attaque, telle qu'elle a été ordonnée ci-dessus, en observant si ce défilé n'est qu'un pont, de faire avancer les compagnies de Grenadiers sur le bord de la rivière, pour les y placer en deçà du pont, à droite & à gauche, & protéger par leur *feu* le passage de la colonne.

ART. 2.

Du passage d'un défilé en arrière.

Passage en arrière. QUANT au passage du défilé *en arrière*, on y arrive en bataille ou en colonne, & l'on reste en vue après l'avoir passé ou l'on n'y reste pas; si l'on y arrive en bataille, les deux bataillons, que l'on suppose ici devoir faire leur retraite, continueront de marcher en bataille jusqu'à dix pas du défilé, que l'on tâchera de mettre derrière le centre, & on les fera remettre *face en tête*,

s'ils

s'ils faifoient *face* au défilé. On leur fera enfuite les mêmes commandemens que pour la colonne de retraite, à l'exception que les pelotons des ailes feront *feu*, & reviendront dans la pofition de *haut les armes* avant de faire leur mouvement en arrière, & ainfi de tous les autres fucceffivement; après avoir fait *à gauche* & *à droite*, ils *porteront les armes*, & quand ils auront paffé le défilé & feront arrivés fur le terrain qu'ils doivent occuper, l'Officier leur fera le commandement pour charger.

Si l'on doit refter en vue après avoir paffé le défilé, les deux pelotons qui auront la tête de la marche feront *à gauche* & *à droite*, dès qu'ils auront paffé le défilé, pour marcher vers les flancs oppofés & longer les bords de la rivière ou du marais, afin de protéger par leur *feu* la retraite du refte des deux bataillons qui fe trouveront en bataille en deçà du défilé, après que tous les pelotons auront fait fucceffivement la même manœuvre, & que les Grenadiers auront paffé le défilé derrière lequel ils refteront.

Mais fi l'on ne doit pas refter en vue après avoir paffé le défilé, on continuera de marcher alors en colonne, les deux compagnies de Grenadiers continuant de faire l'arrière-garde.

Enfin fi c'eft en colonne que l'on arrive au défilé, on continuera fa marche en colonne pour entrer dans le défilé, foit que l'on refte en vue après l'avoir paffé, ou que l'on n'y refte pas; en fe conformant au furplus à ce qu'on vient de prefcrire pour le cas où on y arrive en bataille, & en faifant refter les compagnies de Grenadiers à la droite ou à la gauche de l'entrée du défilé, pour protéger la retraite & en faire l'arrière-garde.

Pour faire passer une ligne dans une autre.

LA manœuvre de faire passer une première ligne pleine derrière la seconde, lorsqu'on est en bataille sur deux lignes, peut se faire de deux façons, soit par section ou par file.

Par section.

PREMIÈRE MANIÈRE, PAR SECTION.

*Voyez
PLANCHE 34.*

On commencera par faire cesser *le feu,* si on tire, & porter les armes; ensuite on commandera *demi-tour à droite* à toute la ligne, & on la fera marcher jusqu'à portée de la seconde ligne, ou, si on le juge à propos, on lui fera refaire *face en tête* pour faire le *feu de bataillon,* après lequel les Soldats porteront aussitôt leurs armes sans les recharger, & on leur commandera un second *demi-tour à droite & marche :* à ce commandement, les secondes sections de cette première ligne se porteront en avant, & les premières doubleront sur elles par le *pas oblique à droite* au moment que la première ligne arrivera à douze ou quinze pas de la seconde ligne, celle-ci fera faire *quatre pas en arrière* à ses secondes sections & doubler sur les premières ; & dès que la première ligne aura passé par ces intervalles, les sections de la seconde ligne qui auront doublé reprendront leur place ; la première ligne, devenue seconde, ira se reformer sur le terrain ou à la distance

*Voyez
PLANCHE 35.*

qui lui sera indiquée, fera *face en tête* & rechargera ses armes au commandement qu'on lui fera : cette même manœuvre peut se répéter successivement par les deux lignes, autant de fois qu'on le jugera nécessaire ; s'il est à propos de faire soutenir la première ligne dans ce mouvement, on pourra faire avancer la seconde ligne au moment que la première fera *demi-tour à droite* pour la recevoir.

Par file.

SECONDE MANIÈRE, PAR FILE.

*Voyez
PLANCHE 36.*

Après que la première ligne se sera portée à une

certaine diftance de la feconde & aura tiré, les Soldats, en retirant leurs armes, refteront dans la pofition de *à droite* & les porteront ; on leur commandera auffitôt par peloton & par file *à droite, marche :* les files droites de chaque peloton feront *un quart de converfion à droite,* & formeront autant de petites colonnes fuivies de toutes les autres files. Quand les têtes de ces petites colonnes feront arrivées à huit ou dix pas de la feconde ligne, on commandera à celle-ci, *ouvrez vos files ;* & à ce commandement, le Capitaine fe placera vivement *à gauche* & en avant de la feconde file de fon peloton ; les deux Sergens qui font derrière le Capitaine iront fe placer de même, celui du fecond rang en avant de la feconde file du peloton qui eft à fa droite, & celui du troifième rang derrière la feconde file de fon peloton. Les trois Soldats de la première file du peloton du Capitaine iront fe placer, celui du premier rang dans la feconde file, entre le premier & le fecond rang ; celui du fecond rang entre le fecond & le troifième rang, celui du troifième rang derrière le troifième rang de leur peloton, en avant du Sergent : les trois hommes de la file gauche du peloton de la droite fe placeront de même entre le premier & le fecond rang, entre le fecond & le troifième rang, & derrière le troifième rang de la file à laquelle ils appuient dans leur peloton, ces petites colonnes pafferont dans ces intervalles ; dès qu'elles auront paffées, elles iront fe reformer par un fecond *quart de converfion par file à gauche* fur le terrain, & à la diftance qu'on leur ordonnera, ou on leur commandera *face en tête* & *de charger :* dès que la dernière file de chaque peloton aura dépaffé la feconde ligne, devenue la première, on commandera à celle-ci, *ferrez vos files,* & chacun reprendra fa place par un mouvement contraire & très-prompt : ce mouvement peut fe faire par fection de la même manière.

TITRE XVII.

Du ralliement.

AFIN d'apprendre aux régimens à se rallier & à se reformer promptement, toutes les fois que les circonstances peuvent l'exiger à la guerre, on les enverra quelquefois à *la paille*, en observant de ne faire jamais cette manœuvre, immédiatement après que les régimens auront cessé de marcher en allant à *la charge*.

Lorsqu'on jugera à propos de faire faire cette manœuvre, on fera battre *la berloque*, & tout le régiment se dispersera.

Quand on voudra ensuite rallier le régiment, on ordonnera aux Tambours d'*appeler*; à ce signal, les Officiers & les Soldats se rallieront promptement aux drapeaux que l'on aura placés suivant le côté où on voudra faire *face*; les Porte-drapeaux auront attention de s'aligner entr'eux, & de prendre la distance qu'ils doivent avoir dans les bataillons; & les Soldats reprendront le plus diligemment qu'il sera possible leurs files & leurs rangs, & *porteront les armes* en observant le plus grand silence.

Les Officiers-majors parcourront en même temps le front & la queue des bataillons, pour voir si toutes les divisions sont à leur place ordinaire, & si les files & les rangs sont alignés.

TITRE XVIII.

Des revues d'honneurs & des cas de parade.

ARTICLE PREMIER.

De la formation en bataille.

TOUTES les fois qu'un régiment devra passer une revue d'honneur, il sera formé en parade, en bataille

sur

fur trois rangs ouverts à quatre pas de diftance, fans qu'il foit rien changé d'ailleurs à la formation ordinaire.

TITRE XVIII.

Tous les Capitaines, les Lieutenans, les Sous-lieutenans & les Porte-drapeaux fe placeront fur un même rang à quatre pas en avant du premier rang des Soldats; le Capitaine, au centre de la compagnie; le Lieutenant, au centre de la première fection; le Sous-lieutenant, au centre de la feconde fection, & les Porte-drapeaux vis-à-vis de leur file; les Sergens placés derrière les Officiers, au deuxième rang, les remplaceront au premier; les Sergens de la garde des drapeaux, à leur place dans la file des drapeaux, aux premier & troifième rangs; les Fourriers & les autres Sergens refteront en ferre-file & aux places qui leur font indiquées dans l'ordre de bataille.

Voyez
PLANCHE .37.

Les Tambours de chaque bataillon fe placeront fur deux rangs à la droite de leur bataillon, & s'y aligneront avec les deux premiers rangs des Soldats; le Tambour-major fe mettra à la tête de ceux du premier bataillon à un pas en avant du premier rang.

*Place
des Tambours.*

Quant aux Officiers fupérieurs & à ceux de l'État-major, le Colonel & le Lieutenant-colonel occuperont leur place ordinaire à la tête du régiment, mais ils fe porteront à deux pas en avant du rang des Officiers; le Major fe placera à la droite du premier bataillon à un pas en avant des Officiers; l'Aide-major fe placera à la droite, & le Sous-aide-major à la gauche, tous les deux fur l'alignement du premier rang des Soldats.

ART. 2.

De la manière de paffer en bataille les revues d'honneurs.

AUSSITÔT que la perfonne, devant laquelle le régiment devra paffer en revue, paroîtra, les Officiers feront repofés fur leurs armes, les Fourriers, les

*Manière
dont les Officiers,
les Fourriers
& les Sergens
doivent être alors
fous les armes.*

K k

Sergens & les Soldats les porteront, & les Tambours se tiendront prêts à battre.

Lorsqu'ensuite elle se sera approchée, & qu'elle se présentera pour parcourir le front du régiment, si les Officiers doivent saluer, les Tambours battront, les Soldats présenteront les armes, les Officiers & les Porte-drapeaux salueront par compagnie à mesure que ladite personne passera devant eux.

Art. 3.

De la manière de défiler dans les revues d'honneurs.

Après que ladite personne aura parcouru le front & les derniers rangs du régiment, si elle juge à propos de le voir défiler, on fera les commandemens nécessaires pour porter les armes, serrer les rangs & se rompre par la droite par peloton ou par division, selon le nombre de bataillons que l'on aura à faire défiler; si le régiment devoit marcher en avant de la droite, la compagnie de Grenadiers ou la division de la droite ne bougera pas, tandis que toutes les autres divisions feront leur *quart de conversion*.

Ce mouvement fini, le Capitaine de chaque compagnie de Grenadiers & de Fusiliers s'avancera à quatre pas en avant du centre de son premier rang, le Lieutenant & le Sous-lieutenant à deux pas, savoir; le Lieutenant en avant de la seconde file de la première section, & le Sous-lieutenant en avant de la deuxième file de la gauche de la seconde section,

Le premier Sergent de Grenadiers se placera en même temps à la droite du premier rang; le second Sergent à la gauche, & le Fourrier en serre-file; le premier Sergent de Fusiliers restera à la droite du troisième rang; le troisième Sergent se placera à la droite du premier rang; le second Sergent à la gauche du troisième rang ; le quatrième Sergent à la gauche du premier rang, & le Fourrier en ferre - file ; & les Sergens de la garde des drapeaux, le premier à la droite du deuxième rang du même peloton, & le second à la gauche du second rang.

Les Porte-drapeaux se placeront sur l'alignement des Officiers subalternes, chacun au centre de la compagnie à laquelle ils seront attachés.

Place des Drapeaux.

Le Tambour - major & les Tambours du premier bataillon, se placeront à quatre pas en avant du Capitaine de Grenadiers ; les Tambours des autres bataillons seront placés de même à la tête de leur bataillon.

Place des Tambours.

Le Colonel se placera à la tête du premier peloton ou de la première division du premier bataillon, à quatre pas en avant du Capitaine ou des Capitaines ; le Lieutenant-colonel, de même à quatre pas en avant du Capitaine ou des Capitaines du premier peloton ou de la première division de son bataillon ; le Major se mettra à la tête de la première compagnie de Grenadiers, à quatre pas en avant du Tambour-major ; l'Aide-major du premier bataillon à la tête du premier peloton ou de la première division de ce bataillon, à la gauche du Colonel à un pas en arrière ; ceux des autres bataillons, à quatre pas en avant des Tambours de leur bataillon ; les Sous-aides-majors se tiendront sur les ailes de leur bataillon pour le faire défiler dans le plus grand ordre ; & lesdits Sous - aides - majors défileront à deux pas en arrière du Fourrier, ou des Fourriers de ferre-file du dernier peloton ou de la dernière division de leur bataillon, & celui du dernier bataillon de la colonne du régiment défilera à la queue du tout.

Dans un régiment d'un bataillon, le Lieutenant-colonel se placera à la queue.

Dès que ces premières dispositions auront été faites, le Major commandera, *marche* à la première compagnie de Grenadiers. A ce commandement, le

Distance que l'on doit garder en marchant.

premier rang de cette compagnie se mettra en mouvement avec les deux Officiers subalternes, le Capitaine, les Tambours & le Major, pour marcher en avant le pas ordinaire; le second rang de ces Grenadiers se mettra aussi en mouvement, au moment que le premier rang fera le cinquième pas; & le troisième rang, au cinquième pas que fera le second rang. Aussitôt que ce troisième rang se sera éloigné de quatre pas du Colonel, cet Officier supérieur commandera, *marche*, au premier peloton ou à la première division, qui fera la même manœuvre que la compagnie de Grenadiers, ce qui sera répété par toutes les divisions du régiment, au commandement de leur plus ancien Officier.

Le régiment marchera dans cet ordre avec la plus grande précision, observant que les files des ailes soient alignées sur le côté où sera la personne devant laquelle on devra défiler.

Salut en défilant. En approchant de la personne que l'on devra saluer, on se conformera à ce qui a été prescrit à l'égard du salut, au Titre *de l'École de l'Officier.*

Se mettre ensuite en bataille. Après que le régiment aura défilé, on le remettra en bataille pour l'exercer ou pour le renvoyer, si la personne à qui l'on aura rendu des honneurs le commande.

TITRE XIX.

Des Revues d'inspection, & de celles des Commissaires des guerres.

ARTICLE PREMIER.

De la formation des Livrets de revue.

On ne changera rien à la formation ordinaire des régimens. LORSQU'UN Régiment devra passer une revue d'inspection, ou la revue d'un Commissaire des guerres, on ne changera rien à sa formation ordinaire; on fera les livrets dans le même ordre que les bataillons,

les

les compagnies de Grenadiers & les pelotons doivent
être rangés : les drapeaux refteront à leur place ordinaire, quoique les Porte-drapeaux ne foient compris que
dans l'Etat-major; mais les Sergens de leur garde & les
Tambours rentreront à leur compagnie.

ART. 2.

De la difpofition pour les revues.

Si c'eft une revue d'infpection que le régiment
doit paffer, il fera mis d'abord en bataille, & il y reftera
jufqu'à ce que l'Officier général qui fera chargé d'en
faire l'infpection, ordonne de le mettre en haie par
compagnie; lorfqu'il en donnera l'ordre, on exécutera
cette manœuvre ainfi qu'il a été prefcrit au Titre *des
manœuvres par rangs & par files.*

Les régimens doivent être en bataille jufqu'à ce que l'Officier général ordonne de les mettre en haie.

Si ledit Officier général après avoir vu le régiment
en haie, ordonne qu'on le faffe défiler, on le reformera
en bataille pour le faire défiler, comme il eft prefcrit
au Titre XVIII.

Manière de défiler après la revue d'infpection.

ART. 3.

De la difpofition pour les Revues des Commiffaires des guerres.

Si le régiment doit paffer la revue d'un Commiffaire
des guerres, les compagnies feront mifes en haie
avant fon arrivée.

Les compagnies doivent être en haie avant l'arrivée du Commiffaire.

TITRE XX.

De la promenade militaire.

ARTICLE PREMIER.

De l'objet & de l'ordre dans lequel les régimens doivent être formés pour exécuter cette promenade.

Les Soldats doivent porter leur havresac.

CE genre d'Exercice devant avoir pour objet d'apprendre aux régimens à faire une marche d'armée avec le plus d'ordre & le plus de célérité qu'il est possible & de les y accoutumer, le Soldat y portera ses armes & son havresac.

Régiment formé comme pour les autres Exercices.

Toutes les fois qu'un régiment devra sortir de sa garnison ou de son quartier pour cette promenade, il sera formé en bataille dans le lieu de son assemblée, ainsi qu'il a été prescrit pour les autres Exercices.

ART. 2.

De l'ordre que les régimens doivent tenir pendant cette promenade.

Doit sortir de la place ou du quartier en marchant dans le plus grand ordre.

APRÈS l'arrivée des drapeaux, le Commandant fera rompre le régiment ou par peloton ou par section, selon la largeur des lieux par où il devra passer, & il le mettra ensuite en mouvement pour sortir de la garnison ou du quartier en marchant avec le plus grand ordre, portant les armes, chaque Officier à son poste, les rangs ouverts à deux pas de distance & Tambours battans.

Disposition pour la marche.

Quand le régiment sera sorti de la place, & qu'il en sera éloigné de deux cents pas, le Commandant ordonnera de faire *halte*, de remettre la baïonnette en fon lieu, de porter le fufil, de le porter au bras & d'ouvrir les files à un pied de diftance.

Les Officiers fortiront de leur pofte pour monter à cheval, & fi les chemins ne font pas affez larges pour qu'ils puiffent marcher toujours fur les flancs de la colonne, on fera prendre dix pas de diftance d'une compagnie à l'autre, fans que les rangs de chaque compagnie prennent plus de deux pas de diftance entre eux, par quelque divifion que ladite compagnie ait été rompue. Les Capitaines & les Sous-lieutenans fe placeront enfuite fur un feul rang à la tête de leur compagnie, & les Lieutenans en ferre-file à la queue; obfervant que les Officiers de ferre-file d'une compagnie ne doivent former qu'un même rang avec ceux qui feront à la tête de la compagnie fuivante.

Moment où les Officiers pourront monter à cheval.

Manière dont ils doivent être placés dans la marche s'ils ne peuvent pas marcher fur les flancs de la colonne.

Les Fourriers & les Sergens fe placeront, comme il leur eft prefcrit pour défiler en parade.

Place des Sergens & des Fourriers pendant la marche.

Les Porte-drapeaux & les Sergens de leur garde, prendront de même leur place de parade.

Place des Drapeaux.

Le Colonel & le Major fe mettront à la tête du régiment, & le Lieutenant-colonel à la queue.

Place des Officiers fupérieurs & de ceux de l'État-major.

Les Tambours de chaque bataillon, à la tête de leur bataillon, à l'exception de deux qui marcheront à la queue du régiment.

Place des Tambours.

Chaque Aide-major, à la tête de fon bataillon, & chaque Sous-aide-major, à la queue.

S'il y a des Valets à cheval, on les fera mettre fur un ou deux rangs, à la queue de chaque bataillon; mais il fera défendu aux Officiers fubalternes de chaque compagnie, de mener avec eux dans la marche plus d'un Valet monté pour deux; & à tout Capitaine, d'en mener plus d'un. Il ne fera permis qu'aux Officiers fupérieurs, de mener un, ou tout au plus deux chevaux de main.

Place des Valets montés.

Lorfqu'au contraire la nature des lieux permettra aux Officiers, de marcher toujours à cheval fur les flancs de

Place des Officiers lorfqu'ils pourront marcher à cheval fur les flancs de la colonne.

Titre XX.

Place des Sergens & des Fourriers, dans ce cas-là.

Place des Drapeaux dans ce cas-là.

Officiers responsables de ce qu'aucun Soldat de leur division ne s'écarte dans la marche.

On laissera un bas Officier avec les Soldats qui ne pourront pas suivre.

Moyen de faire arrêter la tête du régiment lorsque la queue ne pourra pas suivre.

la colonne, ils s'y placeront à hauteur de leur compagnie, sans pouvoir s'en éloigner pendant toute la marche.

Alors les compagnies ne conserveront plus que quatre pas de distance entr'elles, pour y recevoir les Sergens & les Fourriers qui se partageant moitié à la tête & moitié à la queue de leur compagnie, s'y placeront sur un seul rang, comme il a été prescrit pour les Officiers à cheval.

Les Porte-drapeaux & les Sergens de leur garde, se placeront en même temps dans les rangs des Sergens, à la tête de la compagnie à laquelle ils seront attachés.

Le Commandant ordonnera alors de marcher, & toutes les divisions se mettront en mouvement à la fois pour exécuter le *pas de route* en silence, sans confondre les rangs & sans augmenter ni diminuer les distances.

Les Officiers subalternes seront responsables au Capitaine, des Soldats de leur section qui s'écarteront, le Capitaine répondra de ceux de sa compagnie.

Si un Soldat est forcé de quitter son rang pendant la marche, il en demandera la permission, donnera son fusil à son camarade, & on laissera avec lui un bas Officier pour le ramener.

Si le Lieutenant-colonel s'aperçoit pendant la marche que la tête du régiment aille trop vîte pour que la queue puisse suivre, il fera *appeler* par les deux Tambours restés à la queue du régiment; & s'il y a plusieurs bataillons, ce signal sera répété de bataillon en bataillon jusqu'à la tête du régiment, qui fera *halte*, & ne se remettra ensuite en mouvement qu'après que la queue ayant rejoint, le Lieutenant-colonel aura fait *battre aux champs*, & que ce signal étant répété de bataillon en bataillon sera parvenu à la tête du régiment; la tête observera de ralentir alors son pas jusqu'à ce que toutes les divisions se soient remises en mouvement.

Si

Si le Colonel juge à propos, pendant la marche, de faire doubler le premier bataillon par peloton, par division ou par demi-bataillon, il fera avertir le Lieutenant-colonel & l'Officier commandant de chaque bataillon s'ils doivent ou ne doivent pas faire le même mouvement; mais il fera bon qu'il le leur fasse faire quelquefois, afin d'apprendre au régiment à se reformer plus promptement en présence des ennemis.

Toutes les fois que le régiment passera un défilé dans la marche, les Officiers auront la plus grande attention à ce qu'il n'y ait aucune distance d'un rang à l'autre, pour que les Soldats soient aussi serrés & puissent passer le défilé le plus vîte qu'il sera possible.

La première compagnie de Grenadiers & toutes les autres divisions se reformeront à mesure qu'elles auront passé le défilé.

Titre XX.

Précaution à prendre quand on veut doubler les divisions dans la marche.

Précaution à prendre pour passer un défilé.

Art. 3.

De l'ordre dans lequel les régimens doivent être ramenés de cette promenade.

Après qu'un régiment se sera promené pendant une heure, on le ramènera à sa garnison ou à son quartier dans le même ordre qu'il en sera sorti. Si le temps le permet, & que les Soldats ne soient pas fatigués, on pourra faire durer ces promenades pendant deux heures, mais jamais plus de trois. Quand on aura été un certain temps sans faire faire cette promenade aux régimens, on observera la première fois, de mener les Soldats sans armes ni havresac; la seconde fois avec les armes sans havresac, & la troisième fois on leur fera porter l'un & l'autre.

Doivent rentrer dans la garnison ou dans le quartier, avec le même ordre qu'ils en font sortis.

Mande & ordonne Sa Majesté aux Officiers généraux ayant commandement sur ses Troupes, aux Gouverneurs & Lieutenans généraux dans ses

M m

provinces, aux Gouverneurs ou Commandans dans ſes villes & places, aux Inſpecteurs généraux de ſes Troupes, aux Intendans dans ſes provinces, aux Colonels, Lieutenans-colonels & Majors, aux Commiſſaires des guerres & à tous autres ſes Officiers qu'il appartiendra, de tenir la main à l'exécution de la préſente Ordonnance. FAIT à Verſailles le premier janvier mil ſept cent ſoixante-ſix. *Signé* LOUIS. *Et plus bas*, LE DUC DE CHOISEUL,